职业教育"互联网+"新形态教材·财会类专业

会计模拟实习（手工操作）
（第2版）

陈伟清　主　编
曹小红　范春梅　参　编

电子工业出版社
Publishing House of Electronics Industry
北京·BEIJING

内 容 简 介

本书是参照职业院校"会计模拟实习"课程教学大纲，遵从《企业会计准则》《会计基础工作规范》及现行"营业税改征增值税"相关税收政策等要求重新编写而成的。

本书首先对会计实践教学环节提出实训的基本内容、形式和要求，然后按照建立账簿体系、处理日常业务、编制财务报表、分析主要财务指标等会计工作顺序来指导学生开展会计实训，体现了示范引路性、实践导向性的教学思路，以达到加强技能性和实践性教学的目的。

为了方便学生自主开展会计模拟实习，本书配有二维码资源，用手机扫码可查看会计凭证和财务报表的参考答案；登录华信教育资源网可下载会计账簿参考答案。

本书既可作为职业院校会计专业及相关财经类专业实训的教学用书，也可作为会计人员岗位或继续教育的培训用书。

未经许可，不得以任何方式复制或抄袭本书之部分或全部内容。
版权所有，侵权必究。

图书在版编目（CIP）数据

会计模拟实习：手工操作 / 陈伟清主编. —2版. —北京：电子工业出版社，2022.7

ISBN 978-7-121-43537-9

Ⅰ.①会… Ⅱ.①陈… Ⅲ.①会计学—中等专业学校—教材 Ⅳ.①F230

中国版本图书馆CIP数据核字（2022）第088172号

责任编辑：陈　虹
印　　刷：三河市君旺印务有限公司
装　　订：三河市君旺印务有限公司
出版发行：电子工业出版社
　　　　　北京市海淀区万寿路173信箱　邮编100036
开　　本：880×1230　1/16　印张：15.25　字数：360.1千字
版　　次：2009年9月第1版
　　　　　2022年7月第2版
印　　次：2025年8月第4次印刷
定　　价：49.80元

凡所购买电子工业出版社图书有缺损问题，请向购买书店调换。若书店售缺，请与本社发行部联系，联系及邮购电话：（010）88254888，88258888。

质量投诉请发邮件至zlts@phei.com.cn，盗版侵权举报请发邮件至dbqq@phei.com.cn。

本书咨询联系方式：邮箱fservice@vip.163.com；QQ群427695338；微信DZFW18310186571。

前 言

随着我国进入新的发展阶段，产业升级和经济结构调整不断加快，各行各业对技术技能人才的需求越来越旺盛，职业教育的重要地位和作用越来越凸显。提高职业教育质量的关键在于切实加强技能性和实践性环节。但是，在实际工作中，财会部门是各单位的要害部门，会计资料反映了企业的经济信息，甚至涉及企业的商业机密。会计工作的特殊性给毕业实习带来种种不便，学生要想通过到某个企业财会部门去实习锻炼，以达到将专业知识用于工作实践，并在实习中实现与社会及未来工作的零距离，往往是比较困难的。

为营造"人人皆可成才、人人尽展其才"的良好环境，努力实现职业技能和职业精神培养高度融合，增强学生的职业适应能力和可持续发展能力，满足认知实习、跟岗实习、顶岗实习等多种实习方式，强化以育人为目标的实习实训考核评价，我们修订了这本教材。

为了能够站在社会需求的角度，提高教材的实用性，我们在教材的内容、体系、写法上都有所创新；为了确保教材的编写质量，参加教材编写的人员均为多年从事会计教学与会计实务的双师型教师。

本书继续沿用第一版教材的编写风格，在此基础上又突出了以下特点：

（1）实用创新。本书在充分汲取同类教材长处的基础上，突出实用与新颖、便利与灵活的特点，同时兼顾先进性。

（2）全程指导。为了更好地满足"线上线下"教学的需要，本书既对每一笔经济业务做详细分析，又针对当前单据的相关知识进行指导。

（3）实际再现。按照《企业内部控制基本规范》的要求，规范企业各项业务的报账流程，将第一版教材中缺失的内部报销单据补充齐全，从而更加全面地反映经济业务全貌。

（4）施教灵活。本书力求同时满足多种实训教学模式：既可进行单人大作业式实训，也可进行分岗协同实训；既可按课程教学分阶段开展实训，也可以作为毕业前实习；既可作为传统会计核算实训，也可作为 Excel 在会计中应用的计算机上机训练……学校可根据实际情况加以实施。

（5）着眼未来。本书配有《会计模拟实习（智能实训）》。本书是传统会计核算实训，旨在强化学生对会计基本理论和基本技能的认知；《会计模拟实习（智能实训）》为智能财务实训，旨在让学生熟悉智能财务环境下的智能会计核算、智能财务分析等。

本书由陈伟清担任主编，参与本书编写的人员还有海南省商业学校的曹小红、范春梅。

为了更方便学生自主开展模拟实习，本书配有二维码资源，用手机扫码可查看会计凭证和财务报表的参考答案；登录华信教育资源网可下载会计账簿参考答案。

　　限于编者的水平，书中难免会有疏漏或不妥之处，敬请读者批评指正。书中各模拟企业的名称、工作人员姓名均经适当处理，如有雷同，纯属巧合。值得注意的是，由于国家财经法律法规时有变化，建议有条件的学校依据政策变化适当调整业务数据，合理安排教学时数。

编　者
2022 年 5 月

目 录

第1章 概述 ... 1
- 1.1 会计模拟实习的目的和要求 / 1
- 1.2 会计模拟实习的形式与组织 / 2
- 1.3 会计模拟实习的建议 / 4
- 1.4 会计模拟实习的安排与考核 / 7

第2章 模拟企业案例 ... 8
- 2.1 概况 / 8
- 2.2 相关财税制度 / 10
- 2.3 2020年12月期初余额 / 12
- 2.4 2020年12月经济业务 / 16
- 2.5 2020年12月月末处理工作 / 18

第3章 会计模拟实习指导 ... 19
- 3.1 建立会计账簿体系 / 19
- 3.2 日常经济业务处理 / 24
- 3.3 登记与保管会计账簿 / 79
- 3.4 编制财务报表 / 82
- 3.5 编制增值税纳税申报表（适用于增值税一般纳税人）/ 85
- 3.6 主要财务指标分析 / 87

附录 业务单据及指导 ... 89

第1章 概述

"会计模拟实习"课程是以某一工业企业典型经济业务为主线,通过建立会计账簿体系、审核和填制会计凭证(原始凭证与记账凭证)、登记会计账簿、成本计算、财产清查,到编制与分析财务报表等一系列的会计工作,使学生在复习会计基本理论知识、研读财经法律法规政策的基础上,进一步熟悉中小企业各项经济业务的业务流程,亲身体验企业会计核算工作的全过程以及各个会计岗位的工作职责和工作内容,从而培养学生的职业技能和职业态度的一门课程。

"会计模拟实习"课程的教学具有如下特点:

(1)职业性。以模拟会计核算岗位工作为场景,帮助学生积累职业经验,培养职业技能,塑造职业精神,进而适应未来职业发展的需要。

(2)应用性。帮助学生注重技能训练,强化职业意识,以"练"促学,从"做"中学,边"用"边学。

(3)跨岗位性。在实习期间,学生可获得多岗位通用的知识和经验,可在提高专业能力的同时,明显地提高社会适应能力。

(4)角色扮演。在业务活动组合方式中,学生可以在模拟企业扮演几个会计岗位角色,以个别化方式接受实习指导。

1.1 会计模拟实习的目的和要求

1. 实习目的

通过会计模拟实习,学生能够进一步提高会计业务处理能力,比较系统地练习企业会计核算的基本程序和具体操作方法,加深对会计基本理论的理解,加强会计基本方法的运用和基本技能的训练,从而达到理论知识与会计实务的统一;潜移默化地培养严谨的职业习惯;提高记账、算账、报账、用账等实际操作的动手能力,为毕业后走上工作岗位缩短"适应期"、胜任工作打下扎实的基础。

本模拟实习以某工业企业为行业背景，以典型业务为主线，设计了从建账到日常会计核算、计算产品成本、计算净利润，并进行利润分配到最后编制与分析财务报表全过程的会计资料。通过实际操作，学生不仅能够掌握填制和审核会计凭证（原始凭证和记账凭证）、登记会计账簿、成本计算、财产清查、编制与分析财务报表的全部会计核算工作的技能和方法，而且能够亲身体验会计主管、出纳、财产物资核算员、工资核算员、成本费用核算员、财务成果核算员、资金核算员、往来结算员、总账报表员、稽核员、档案管理员等会计工作岗位的具体工作，从而对企业的会计核算全过程有一个比较系统、完整的认识，最终达到对会计理论和方法融会贯通的目的。

2. 实习要求

（1）实习前，应提前阅读本书的全部内容，明确每个实习的目的、任务、步骤及应做的准备，并结合税收基础、基础会计、企业财务会计、成本会计、财务管理等课程知识进行预习。

（2）在实习过程中，指导教师应引导学生学习会计法、企业会计准则、会计基础工作规范、企业内部控制基本规范、会计档案管理办法，以及税收、金融等现行财经法律法规，弄清各项费用的有关规定、范围及标准，努力加强学生的职业意识和政策、法制观念。

（3）全部实习要求使用统一模拟会计凭证、账页及财务报表格式（见实习用纸）。

（4）全部实习结束后，所有原始凭证或原始凭证汇总表均作为记账凭证的附件，记账凭证按通用记账凭证顺序编号，折叠整齐，按照凭证的装订方法加具封面，注明单位名称、年度、月份和起讫日期，并由装订人签名或盖章。应将各种账页按不同格式（或类别）装订成册，附上账簿启用登记表。全部财务报表附上财务报表封面，注明单位名称、年度、月份，并签章。所有会计档案应妥善保管。

（5）全部实习结束后，应撰写一份1 000字左右的实习报告，或者制作PPT演示文稿，汇报实习体会，一方面进一步熟悉有关制度，另一方面努力提高自己的文字写作能力和分析问题的能力。

1.2　会计模拟实习的形式与组织

1. 会计模拟实习的形式

会计模拟实习既可以由一个人独立完成（见图1.1），也可以由小组分岗协同完成（见图1.2）；既可以采取传统会计操作的形式，也可以借助Excel电子表格软件完成。各院校可根据自己的实际情况加以选择。

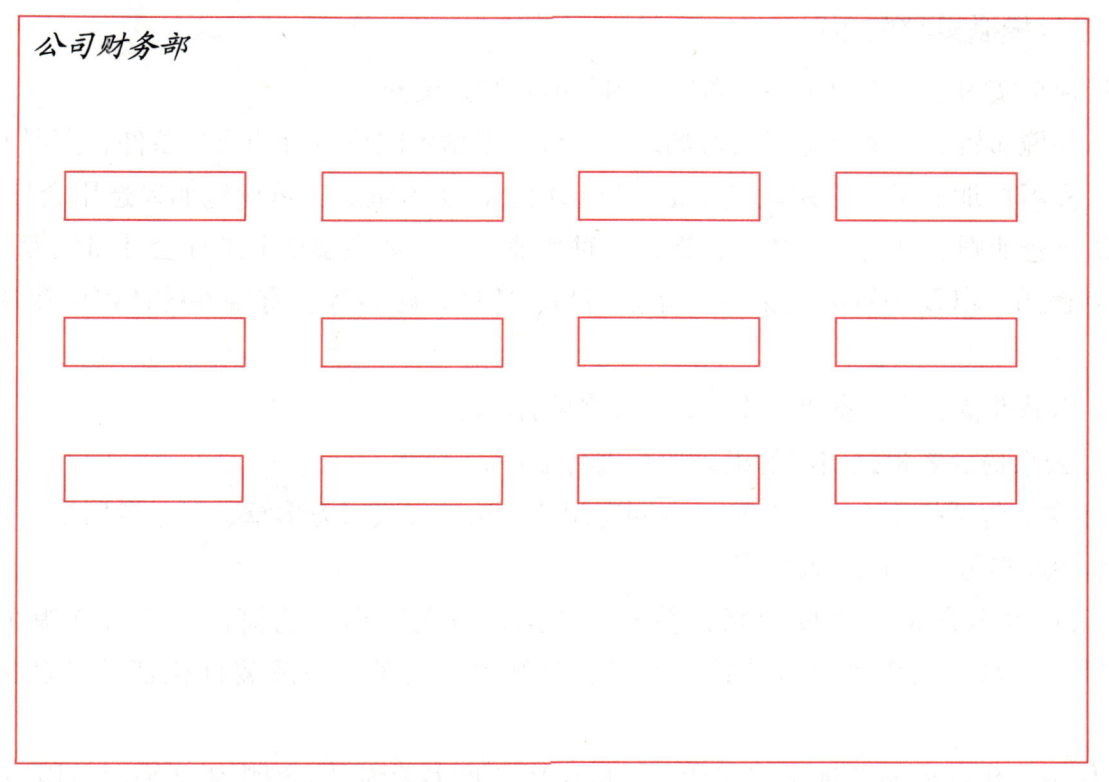

图 1.1　独自实习流程

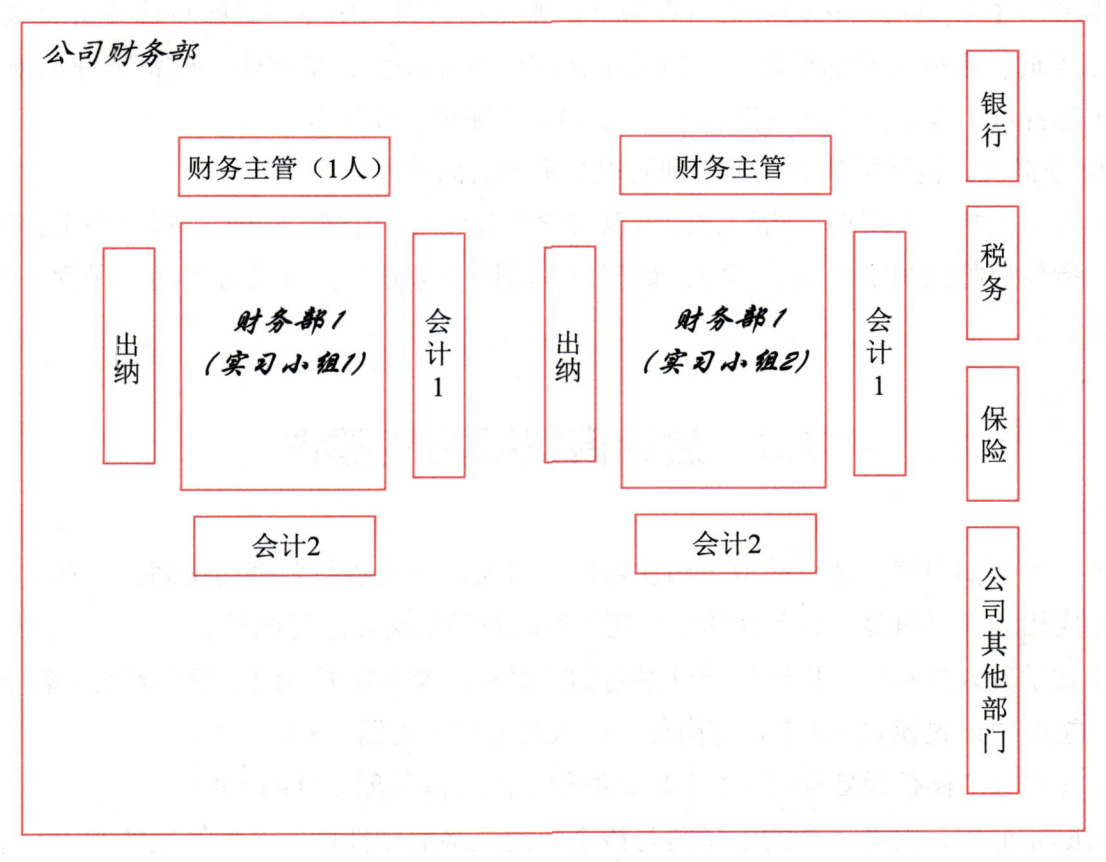

图 1.2　分岗实习流程

2. 会计模拟实习的组织

会计模拟实习的组织包括环境布置、用品准备和人员安排。

（1）环境布置。环境布置即实习场地的布置。根据各院校自身的教学条件、实习人数和实习要求，实习场地既可以选用教室，也可以选用会计实习室。实习场地如果选用会计实习室，建议按仿真企业财会部门来布置，营造出一种职业氛围，如在墙壁上悬挂会计岗位责任制、会计核算流程图，以及购置办公桌椅、办公用品、凭证、账表等，有条件的还可配备笔记本电脑。

（2）用品准备。实习室可以配备以下设备和用品：

① 办公桌椅。要根据实习的组织形式进行配备。

② 印章。包括模拟企业的公章、合同专用章、法定代表人方形章、财务专用章、发票专用章，以及参加实习学生的个人名章。

③ 会计办公用品。主要包括计算器、算盘、双色印台、笔筒、红蓝或红黑记账专用笔、直尺、胶水、大头针、曲别针、剪子、裁纸刀、夹子，以及装订凭证的针和绳、装订机等。

④ 凭证。包括原始凭证和记账凭证。原始凭证见书后附录；记账凭证采用通用记账凭证，应准备记账凭证封皮。

⑤ 账簿。包括现金日记账和银行存款日记账（也可以采用三栏式账页代替）、总账、三栏式明细账账页、多栏式明细账账页、数量金额式明细账账页、备查账（或备查登记簿）、账簿封面、账簿首页（或账簿启用登记表）、记账目录、账夹、账绳等。

⑥ 财务报表。包括资产负债表、利润表及报表封面等。

（3）人员安排。实习前，指导教师可以将学生分成若干个实习小组，每个小组指定一个组长，配合指导教师组织本组同学实习，如记录本组同学考勤、分发实习用品、保管本组共用实习用品等。

1.3 会计模拟实习的建议

开展本模拟实习时，建议采取分组实习法，对实习学生进行合理岗位划分，在学生的相互配合下完成相关实习内容。有条件的学校还可适时对学生岗位进行调整。

由于教学班人数不一，指导教师可根据实际情况，参考以下组织方案实施实习教学：

（1）按岗位设置模式（8个核算岗位）的人员分配（见图1.3）。

（2）按照参考岗位设置模式（6个核算岗位）的人员分配（见图1.4）。

在实际企业中，财务人员的配备是与该企业的经济活动性质、经营管理的特点、生产规模的大小、经济业务繁简相适应的。出于实习教学的需要，可将某些岗位适当合并，做如下处理

（仅供参考）：

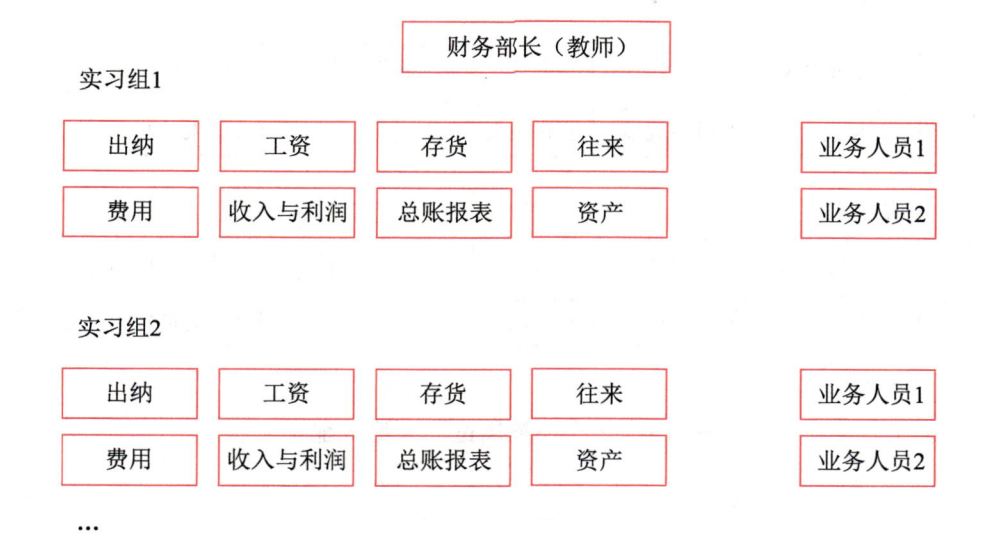

```
                    财务部长（教师）
实习组1
┌─────┬─────┬─────┬─────┐      ┌────────┐
│ 出纳│ 工资│ 存货│ 往来│      │业务人员1│
├─────┼─────┼─────┼─────┤      ├────────┤
│ 费用│收入与利润│总账报表│资产│      │业务人员2│
└─────┴─────┴─────┴─────┘      └────────┘

实习组2
┌─────┬─────┬─────┬─────┐      ┌────────┐
│ 出纳│ 工资│ 存货│ 往来│      │业务人员1│
├─────┼─────┼─────┼─────┤      ├────────┤
│ 费用│收入与利润│总账报表│资产│      │业务人员2│
└─────┴─────┴─────┴─────┘      └────────┘
...
```

图 1.3　8 个核算岗位的人员分配

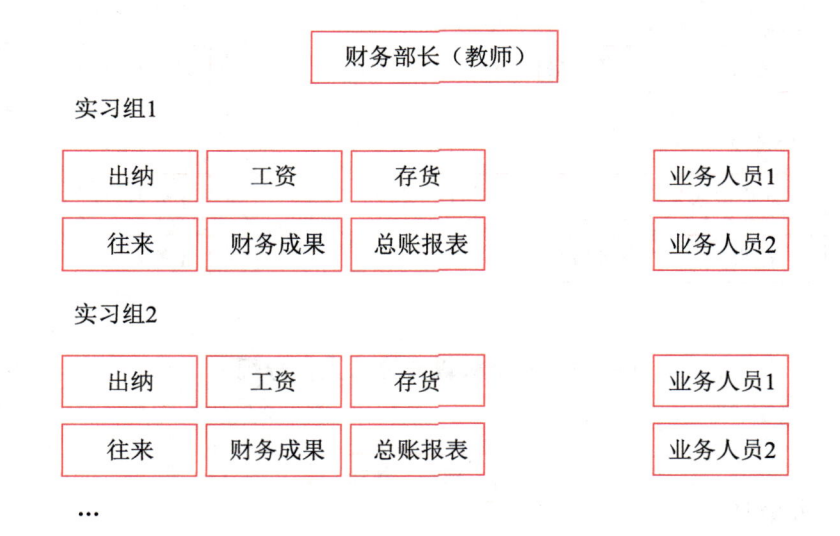

```
              财务部长（教师）
实习组1
┌─────┬─────┬─────┐      ┌────────┐
│ 出纳│ 工资│ 存货│      │业务人员1│
├─────┼─────┼─────┤      ├────────┤
│ 往来│财务成果│总账报表│      │业务人员2│
└─────┴─────┴─────┘      └────────┘

实习组2
┌─────┬─────┬─────┐      ┌────────┐
│ 出纳│ 工资│ 存货│      │业务人员1│
├─────┼─────┼─────┤      ├────────┤
│ 往来│财务成果│总账报表│      │业务人员2│
└─────┴─────┴─────┘      └────────┘
...
```

图 1.4　6 个核算岗位的人员分配

【方案1】如果将存货核算岗位和资产核算岗位合并为资产核算岗位，将费用核算岗位和收入与利润核算岗位合并为财务成果核算岗位，这时，公司财务人员分工可以是：①财务负责人（兼总稽核）；②出纳；③工资；④资产；⑤往来；⑥财务成果；⑦总账报表。见图1.5。

【方案2】如果进一步将工资核算岗位并入往来核算岗位，将总账报表核算岗位并入财务负责人岗位，这时，公司财务人员分工可以是：①财务负责人（兼总稽核）；②出纳；③资产；④往来；⑤财务成果。见图1.6。

【方案3】如果又进一步将往来核算岗位和资产核算岗位合并为综合会计岗位，这时，公司财务人员分工又可以是：①财务负责人（兼总稽核）；②出纳；③财务成果；④综合会计。见图1.7。

实习组1

财务部长（教师）

| 财务负责人 | 出纳 | 工资 | 资产 | 业务人员1 |
| 往来 | 财务成果 | 总账报表 | | 业务人员2 |

实习组2

| 财务负责人 | 出纳 | 工资 | 资产 | 业务人员1 |
| 往来 | 财务成果 | 总账报表 | | 业务人员2 |

……

图 1.5　7 个核算岗位的人员分配

实习组1

财务部长（教师）

| 财务负责人 | 出纳 | 资产 | 业务人员1 |
| 往来 | 财务成果 | | 业务人员2 |

实习组2

| 财务负责人 | 出纳 | 资产 | 业务人员1 |
| 往来 | 财务成果 | | 业务人员2 |

……

图 1.6　5 个核算岗位的人员分配

实习组1

财务部长（教师）

| 财务负责人 | 出纳 | 业务人员1 |
| 财务成果 | 综合会计 | 业务人员2 |

实习组2

| 财务负责人 | 出纳 | 业务人员1 |
| 财务成果 | 综合会计 | 业务人员2 |

……

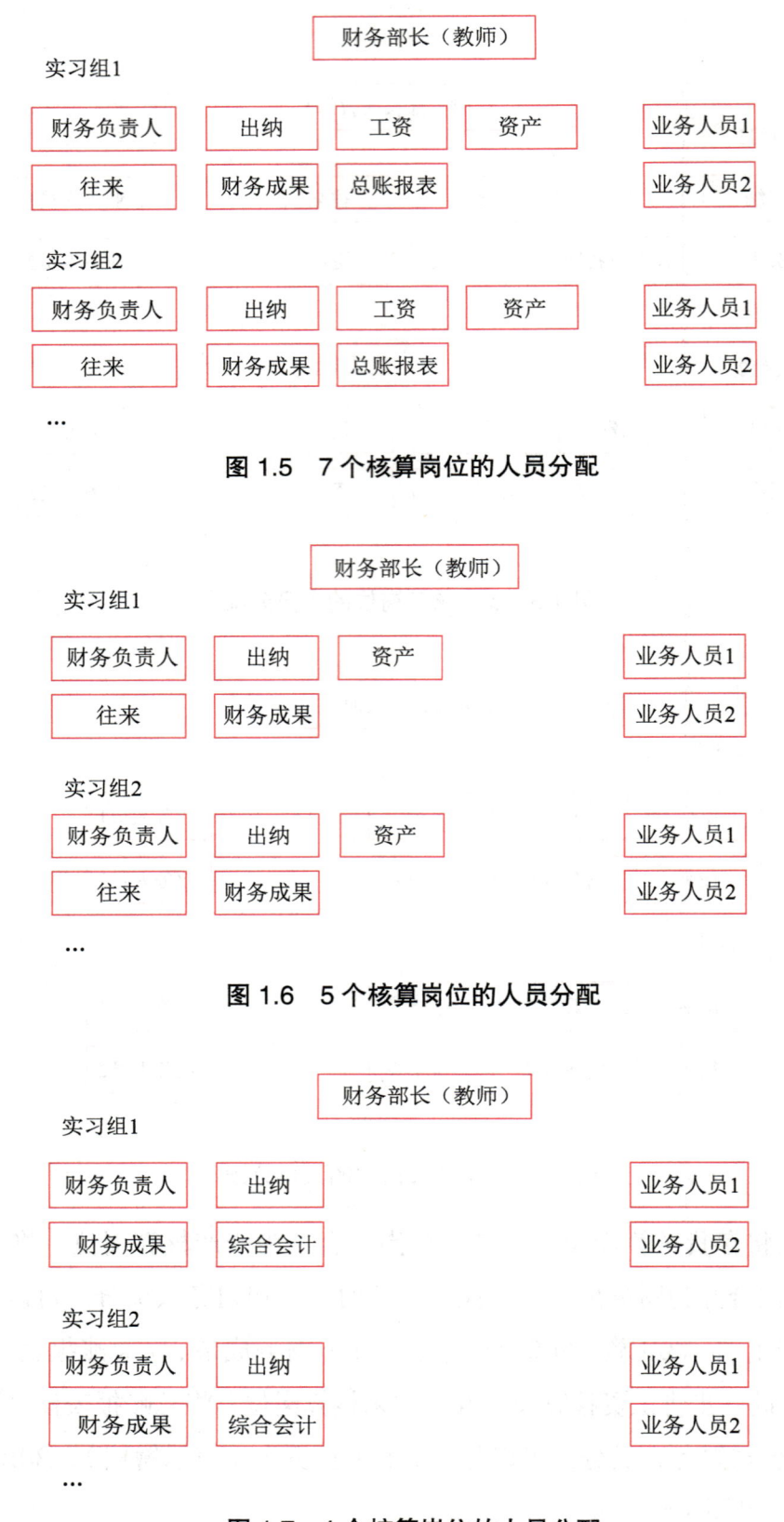

图 1.7　4 个核算岗位的人员分配

【**方案 4**】如果再将财务成果核算岗位并入综合会计岗位职责（其中将成本计算工作交由财务负责人岗位负责），这时，公司财务人员分工还可以是：①财务负责人（兼总稽核）；②出纳；

③综合会计。见图1.8。

本书第3章"会计模拟实习指导"主要以3个核算岗位的人员分配为例进行讲解。

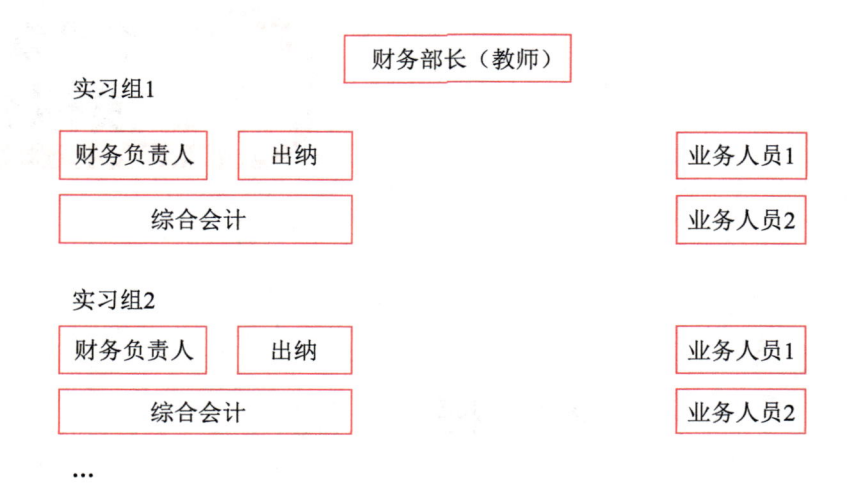

```
                    财务部长（教师）
实习组1

   财务负责人    出纳                     业务人员1
       综合会计                           业务人员2

实习组2

   财务负责人    出纳                     业务人员1
       综合会计                           业务人员2
   ...
```

图1.8 3个核算岗位的人员分配

1.4 会计模拟实习的安排与考核

1. 学时安排

全部模拟实习需要72～108学时，各学时分配见表1.1（仅供参考）。

表1.1 会计模拟实习学时分配

实习内容	学时数		
	合 计	实 习	机 动
建立会计账簿体系	10～16	10～16	
日常经济业务处理	48～70	48～70	
财务报表编制与分析	8～16	8～16	
会计档案整理与装订	2	2	
机动	4		4
合 计	72～108	68～104	4

2. 实习考核

实习结束后，指导教师根据学生在实习过程中的表现及其全部实习成果进行考核评价。考核标准参考为：

- 实习过程中的工作态度、职业精神和专业精神，占20%。
- 经济业务账务处理的准确度，占50%。
- 操作的规范性，即凭证、账页、报表中字迹清晰、工整，阿拉伯数字书写符合要求等，占10%。
- 实习报告的撰写质量，占15%。
- 会计档案的整理与装订质量，占5%。

第 2 章 模拟企业案例

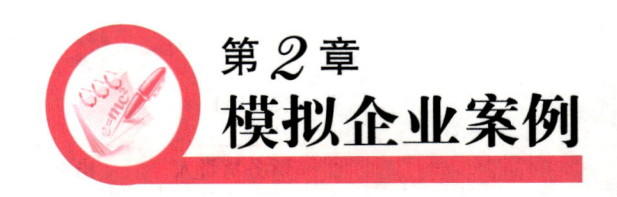

2.1 概 况

1. 基本情况

模拟企业——北京市蓝梦电器有限公司创办于 2013 年。其有关资料见表 2.1。

表 2.1　　　　　　　　　　　　　模拟企业基本情况

项　目	内　容		
企业名称	北京市蓝梦电器有限公司（简称蓝梦公司）		
所属行业	电气机械器材制造		
企业类型	有限责任公司		
法定代表人	李京生		
经营类型	生产、加工		
地址	北京市创新示范区林萃路 12 号		
联系电话	010-62201512		
占地面积	12 000 平方米		
经营范围	制造、销售台式风扇、落地风扇等		
统一社会信用代码	911100410262823368		
纳税人类别	增值税一般纳税人	适用税率	13%
开户银行	中国工商银行北京市林萃路支行		
账号	开立一个基本存款户，其账号为 0200102108808103625		
注册资本金	180 万元		
股东成员及持股比例	李京生　投资比例为 60% 苏　民　投资比例为 40%		
职工人数	共 96 名，其中：办公室 4 人，财务部 3 人，市场部 3 人；生产工人 70 人，产品研发部 8 人，车间管理人员 2 人；采购部 3 人，后勤保障部 3 人		

2. 组织机构

蓝梦公司的组织机构见图 2.1。

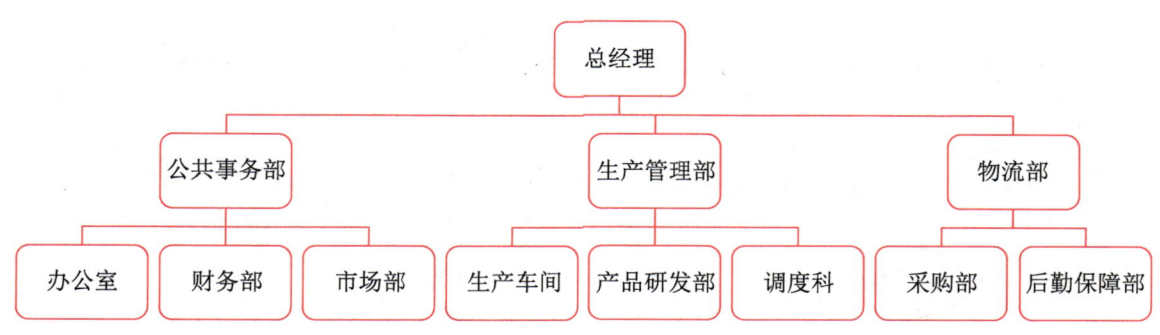

```
                        总经理
         ┌───────────────┼───────────────┐
      公共事务部      生产管理部         物流部
    ┌────┼────┐    ┌─────┼─────┐    ┌────┴────┐
  办公室 财务部 市场部 生产车间 产品研发部 调度科 采购部 后勤保障部
```

图 2.1　蓝梦公司组织机构

3. 公司责任人

（1）主要责任人的岗位职责见表 2.2。

表 2.2　　　　　　　　　　　　主要责任人的岗位职责

部门	职务	姓名	岗位职责
办公室	董事长兼总经理	李京生	法定代表人。负责公司的全面经营管理工作，具体分管办公室、财务部、市场部和后勤保障部
办公室	副总经理	苏民	主要负责公司产品生产、新品设计与研发方面的管理工作，具体分管生产车间和产品研发部
办公室	办公室主任	梁天一	主要负责公司行政与人事方面的管理工作，包括参与制定并执行行政和人力资源的管理制度及管理流程；参与组织机构设置与职位管理工作；根据公司发展需要进行人员招聘；参与建立、执行绩效考核制度，正确编制职工薪资发放表；做好职工之间、部门之间及上下级之间的沟通协调工作；负责领导临时交办的其他工作
财务部	财务主管	王友林	主要负责制定公司各项财务规章制度，编制经费预算、决算及报表和分析，参与有关的经济合同、协议等文件的拟订及审查；负责会计凭证的审核、科目汇总表的编制、总账的登记
财务部	会计	陈月红	主要负责全部记账凭证的填制；负责资金、财产物资、往来款项、工资、成本费用、销售和利润等业务的核算；负责各种发票开具、会计档案管理等工作
财务部	出纳	万敏	兼办税员。主要负责办理货币资金收支业务，对库存现金、有价证券、各种支票的安全完整、现金及银行收付的准确性负责；负责登记现金日记账和银行存款日记账；负责纳税和社会保险的申报及缴纳

（2）其他责任人职务见表 2.3。

表 2.3　　　　　　　　　　　　其他责任人职务

部门	职务	姓名	部门	职务	姓名
办公室	秘书	王薇	后勤保障部	负责人	陈达
市场部	部门经理	祝庆宇	后勤保障部	检验员	王峰
市场部	销售员	袁飞	后勤保障部	仓库保管员	周红
市场部	客服	王欣	生产车间	主任	李政
采购部	部门经理	齐进	调度科	调度员	李立
采购部	采购员	李星	产品研发部	负责人	刘斌

4. 生产工艺流程

蓝梦公司生产流程见图 2.2。

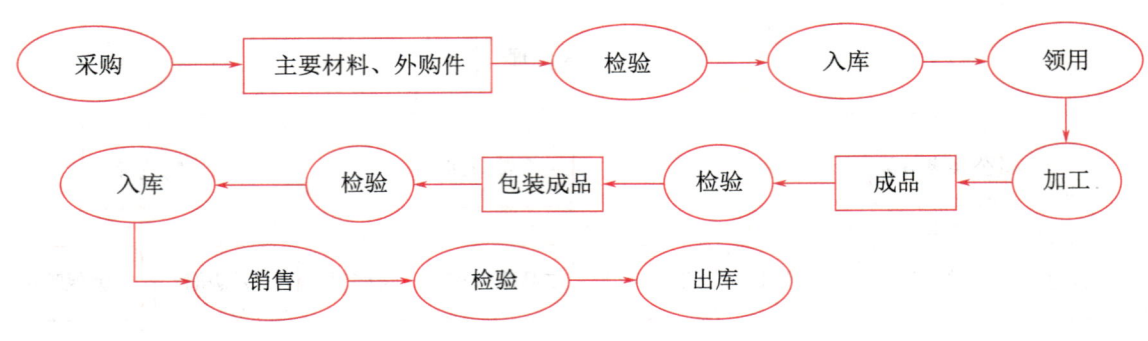

```
采购 → 主要材料、外购件 → 检验 → 入库 → 领用
                                          ↓
入库 ← 检验 ← 包装成品 ← 检验 ← 成品 ← 加工
 ↓
销售 → 检验 → 出库
```

图 2.2　蓝梦公司生产流程

2.2　相关财税制度

1. 会计工作组织及账务处理程序

（1）企业会计工作组织形式采用集中核算形式。

（2）企业记账方法采用借贷记账法。

（3）企业账务处理采用科目汇总表账务处理程序，见图 2.3。

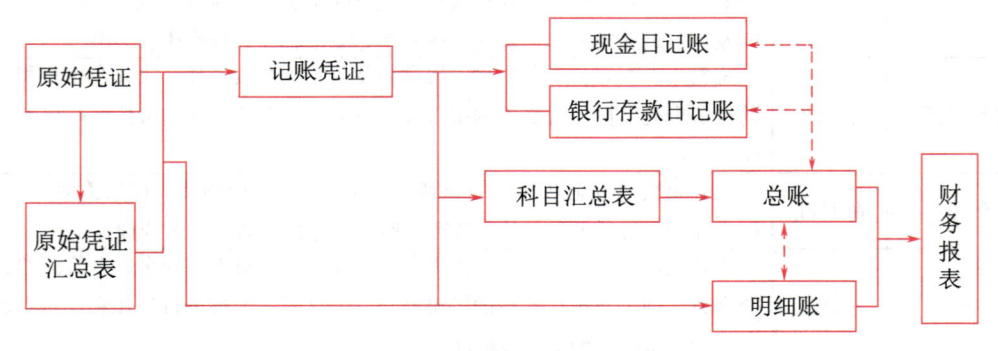

```
原始凭证 → 记账凭证 → 现金日记账
   ↓                   银行存款日记账
原始凭证               
汇总表     →  科目汇总表 → 总账 → 财务报表
                         明细账
```

图 2.3　科目汇总表账务处理程序

（4）企业根据《企业会计准则》及其应用指南进行会计核算。

（5）企业采用复式通用格式的记账凭证。凭证编号按月顺序编排。

（6）企业开设总分类账（以下简称总账）、明细分类账（以下简称明细账）及日记账。总账及日记账一律采用借方、贷方和余额三栏式的订本账簿；明细账根据核算需要分别选用三栏式、数量金额式、多栏式、横线登记式等格式的活页式账页。

（7）企业编制资产负债表和利润表。

2. 计提坏账准备

企业在资产负债表日按应收款项余额的一定比例计算确定减值损失，计提坏账准备。坏账准备的计提比例为 5‰。

3. 存货核算规定

（1）冷板钢材、漆包铜线是主要材料，风扇开关盒、电容属于外购件（本实习暂不做核算）。原材料核算根据企业管理需要采用实际成本核算，逐笔结转入库材料的成本，采用全月一次加权平均法计算发出材料的成本。本企业设置一套数量金额式的原材料明细账，由财务部登记。

（2）周转材料采用实际成本核算，领用时的计价采用先进先出法，摊销采用一次摊销法。

（3）库存商品核算采用实际成本核算，发出时的计价采用全月一次加权平均法。

4. 固定资产折旧核算规定

（1）固定资产折旧采用年限平均法计提。

（2）固定资产折旧额采用月分类折旧率计算，其中，房屋及构筑物类月折旧率为0.3%，机器设备类月折旧率为0.8%。

5. 成本及费用核算规定

（1）企业成本核算采用公司一级成本核算体制。

（2）产品成本计算根据企业生产类型特点及成本管理要求采用品种法。

（3）外购电力费用按照各受益单位用电度数比例分配。车间产品生产动力用电费用，按产品生产工时比例在各种产品间进行分配。

（4）外购水费直接按照各受益单位用水数量比例分配。

（5）车间生产工人工资、社会保险费和住房公积金按产品生产工时比例在各种产品间进行分配。

（6）职工福利费、工会经费、职工教育经费的提取比例分别为工资总额的14%、2%、8%。

（7）调度科人员发生的费用计入制造费用。制造费用按照产品生产工时比例分配。

（8）月末在产品成本采用约当产量法计算，原材料在开始时一次投入，完工程度均为50%。

6. 税费、社会保险费和住房公积金核算规定

（1）本企业为增值税一般纳税人，税率为13%。全部原材料、库存商品的采购与销售均为不含税价格。

（2）城市维护建设税按增值税与消费税之和的7%计算缴纳；教育费附加按增值税与消费税之和的3%计算缴纳。

（3）企业所得税按照企业所得税法规定计算当期应纳税额，确认所得税费用，假设资产、负债的账面价值与其计税基础一致，未产生暂时性差异。企业所得税按月计提，按季预交，全年汇算清缴，税率为25%。

（4）个人所得税按七级超额累进税率计算代扣预缴，年终汇算清缴，多退少补。计算个人所得税的工资固定抵扣额为5 000元，职工个人承担的社会保险费和住房公积金在计算个人所得税时抵扣。企业年金和六项专项附加（子女教育、继续教育、大病医疗、住房贷款利息、住

房租金和赡养老人）也可以在计算个人所得税时抵扣，本实习暂不做此训练。

（5）企业房产税、车船税、土地使用税实行按年征收、分期缴纳、分月摊销方式。

① 房产税：按房产原值减去30%后的余值作为计税依据，税率为1.2%。

② 车船税：车辆的适用税额按车船税法在规定的幅度内确定。本企业有微型客车2辆，每辆年税额400元。

③ 城镇土地使用税：根据实际使用土地的面积，按年税额12元/平方米计算。

（6）社会保险费按月与个人所得税一起申报缴纳。按上一年度职工个人月平均工资作为缴存基数。由单位承担并缴存的基本养老保险、基本医疗保险、失业保险、工伤保险和生育保险五项的比例为16%、10%、0.8%、0.2%、0.8%；由职工个人承担并缴存的基本养老保险、基本医疗保险和失业保险的比例为8%、2%、0.2%。工伤保险和生育保险由单位承担，个人不承担。职工个人上一年月平均工资低于上一年北京市职工月平均工资60%的，以上一年北京市职工月平均工资的60%为缴费工资基数；职工个人上一年月平均工资高于上一年北京市职工月平均工资300%以上的部分，不作为缴费工资基数；若无法确定职工个人上一年月平均工资的，以上一年北京市职工月平均工资为缴费工资基数。

（7）住房公积金。按上一年度职工个人月平均工资作为缴存基数，单位与个人缴存比例均为12%。

7. 利润及利润分配核算规定

（1）按年末净利润的10%提取法定盈余公积。

（2）净利润中分配给股东的股利比例由当年股东大会决定，假设2020年的分配比例为年末净利润的50%。分配给股东的股利在各股东间按投资比例进行分配。

8. 其他规定

（1）计算要求精确到小数点后2位，尾差可按业务需要进行调整。

（2）各会计岗位操作规范按《会计基础工作规范》执行。

9. 说明

假设模拟企业发生实质性货物或劳务交易时，均签订购销合同或劳务协议，且均依法缴纳印花税。为减少篇幅，本书暂不做此训练。

如果没有特殊注明，本书所有表格中的金额单位均为元。

2.3 2020年12月期初余额

（1）有关总账及其明细账账户期初余额见表2.4。

表 2.4 有关总账及其明细账账户期初余额表

科目编码	账户名称	期初余额 总账 借方金额	期初余额 总账 贷方金额	期初余额 明细账 借方金额	期初余额 明细账 贷方金额
1001	库存现金	12025.00		12025.00	
1002	银行存款	166153.00		166153.00	
1015	其他货币资金	475730.00			
101501	支付宝存款			475730.00	
1122	应收账款	655400.00			
112201	中兴公司			90400.00	
112202	华成公司			226000.00	
112203	国华公司			339000.00	
1123	预付账款	300000.00			
112301	长丰公司			300000.00	
1241	坏账准备		5450.00		
124101	应收账款坏账准备				5450.00
1403	原材料	965000.00			
140301	原料及主要材料			965000.00	
14030101	冷板钢材			455000.00	
14030102	漆包铜线			510000.00	
1406	库存商品	1606400.00			
140601	台式风扇			810000.00	
140602	落地风扇			796400.00	
1412	周转材料	72000.00			
141201	包装物			60000.00	
14120101	包装箱			60000.00	
141202	低值易耗品			12000.00	
14120201	劳保用品（工作服）			12000.00	
1601	固定资产	13240000.00			
160101	房屋及构筑物			7600000.00	
160102	通用设备			4200000.00	
160103	电子设备及其他通信设备			740000.00	
160104	交通运输设备			700000.00	
1602	累计折旧		4802000.00		4802000.00
2202	应付账款		544110.00		
220201	正定公司				253510.00
220202	立华公司				290600.00
2205	预收账款		300 000.00		
220501	永丰公司				300 000.00
2211	应付职工薪酬				
221101	职工工资				
221102	职工福利费				
221103	工会经费				
221104	职工教育经费				
221105	社会保险费（个人缴存）				
221106	社会保险费（单位缴存）				
221107	住房公积金（个人缴存）				
221108	住房公积金（单位缴存）				

(续表)

科目编码	账户名称	期初余额			
		总账		明细账	
		借方金额	贷方金额	借方金额	贷方金额
2221	应交税费		428938.00		
222102	未交增值税				213580.00
222103	应交企业所得税				194000.00
222104	应交城市维护建设税				14950.60
222105	应交教育费附加				6407.40
222106	应交个人所得税				
222107	应交房产税				
222108	应交车船税				
222109	应交土地使用税				
4001	实收资本		8000000.00		
400101	李京生				4800000.00
400102	苏民				3200000.00
4002	资本公积		1164430.00		1164430.00
4101	盈余公积		1997930.00		
410101	法定盈余公积				1997930.00
4103	本年利润		927000.00		927000.00
4104	利润分配		798200.00		
410403	未分配利润				798200.00
5001	生产成本	1475350.00			
500101	台式风扇			615600.00	
500102	落地风扇			859750.00	
	合　计	18968058.00	18968058.00	18968058.00	18968058.00

（2）生产成本明细账期初余额见表2.5。

表 2.5　　　　　　　　　　　生产成本明细账期初余额表

产品名称	数量（台）	成本项目				合　计
		直接材料	直接人工	直接动力	制造费用	
台式风扇	2000	556956.00	16300.00	26244.00	16100.00	615600.00
落地风扇	2500	777848.00	22730.00	36652.00	22520.00	859750.00
合　计		1334804.00	39030.00	62896.00	38620.00	1475350.00

（3）库存商品明细账期初余额见表2.6。

表 2.6　　　　　　　　　　　库存商品明细账期初余额

产品名称	编　号	数量（台）	单位成本	总成本
台式风扇	K11#	2500	324.00	810000.00
落地风扇	K12#	2200	362.00	796400.00
合　计				1606400.00

（4）原材料明细账期初余额见表2.7。

表 2.7　　　　　　　　　　　原材料明细账期初余额表

材料名称	材料编号	计量单位	数　量	单　价	金　额
冷板钢材	Y20201105	千克	35016.29	6.14	215000.00
漆包铜线	Y20201110	千克	30000	25.00	750000.00
合　计					965000.00

（5）周转材料明细账期初余额见表2.8。

表2.8 周转材料明细账期初余额

名称	编号	计量单位	数量	单价	金额
包装箱	Z20201129	个	3000	20.00	60000.00
工作服	D20200922	套	80	150.00	12000.00
合计					72000.00

（6）固定资产明细账期初余额见表2.9。

表2.9 固定资产明细账期初余额表

使用部门		固定资产月初原值				合计
		房屋及构筑物	通用设备	电子设备及其他通信设备	交通运输设备	
生产管理部		5530000.00	4200000.00	525000.00	140000.00	10395000.00
管理部门	办公室	260000.00		100000.00		360000.00
	财务部	180000.00		30000.00		210000.00
	采购部	160000.00		20000.00		180000.00
	后勤保障部	1290000.00		40000.00	560000.00	1890000.00
	小计	1890000.00		190000.00	560000.00	2640000.00
市场部		180000.00		25000.00		205000.00
合计		7600000.00	4200000.00	740000.00	700000.00	13240000.00

（7）本月产品投产及完工情况见表2.10。

表2.10 本月产品投产及完工情况

产品名称	单位	月初在产品数量	本月投入数量	本月完工数量	月末在产品数量
台式风扇	台	4000	2200	3400	2800
落地风扇	台	4500	2000	3800	2700

（8）产品实际生产工时资料见表2.11。

表2.11 产品实际生产工时资料

产品名称	台式风扇	落地风扇	合计
生产工时（小时）	6000	7200	13200

（9）单位原材料消耗定额资料见表2.12。

表2.12 单位原材料消耗定额资料

产品类别	单位	消耗冷板钢材单位定额	消耗漆包铜线单位定额
台式风扇	台/千克	8	11
落地风扇	台/千克	12	10

（10）单位产品销售价格见表2.13。

表2.13 单位产品销售价格

产品类别	销售单价（元/台）
台式风扇	450.00
落地风扇	520.00

(11) 各部门用水量记录见表2.14。

表2.14　　　　　　　　　　各部门用水量记录

2020年12月31日

使用部门	用水量（立方米）	单价（元/立方米）
生产车间	200	
管理部门	488	
销售部门	97	
合　计	785	9.5

(12) 各部门用电量记录见表2.15。

表2.15　　　　　　　　　　各部门用电量记录

2020年12月31日

使用部门	用电量（千瓦时）	单价（元/千瓦时）
生产车间（产品用）	43120	
生产车间（管理用）	890	
管理部门	4455	
销售部门	535	
合　计	49000	1.1

2.4　2020年12月经济业务

2020年12月份发生如下经济业务（为了便于查阅，原始单据的编号按业务发生先后顺序编排，见书后附录）：

（1）业务1：单据见附表1.1和附表1.2。

（2）业务2：单据见附表2.1至附表2.5。

（3）业务3：单据见附表3.1至附表3.3。

（4）业务4：单据见附表4.1至附表4.4。

（5）业务5：单据见附表5.1至附表5.4。

（6）业务6：单据见附表6.1和附表6.2。

（7）业务7：单据见附表7.1至附表7.3。

（8）业务8：单据见附表8.1至附表8.6。

（9）业务9：单据见附表9.1至附表9.6。

（10）业务10：单据见附表10.1至附表10.4。

（11）业务11：单据见附表11.1至附表11.6。

（12）业务12：单据见附表12.1和附表12.2。

（13）业务13：单据见附表13.1至附表13.3。

（14）业务14：单据见附表14.1至附表14.3。

(15) 业务15：单据见附表15.1至附表15.5。

(16) 业务16：单据见附表16.1至附表16.4。

(17) 业务17：单据见附表17.1至附表17.4。

(18) 业务18：单据见附表18.1至附表18.3。

(19) 业务19：单据见附表19.1至附表19.3。

(20) 业务20：单据见附表20.1至附表20.5。

(21) 业务21：单据见附表21.1至附表21.6。

(22) 业务22：单据见附表22。

(23) 业务23：单据见附表23.1和附表23.2。

(24) 业务24：单据见附表24.1至附表24.2。

(25) 业务25：单据见附表25.1至附表25.3。

(26) 业务26：单据见附表26.1至附表26.3。

(27) 业务27：单据见附表27.1至附表27.4。

(28) 业务28：单据见附表28.1至附表28.4。

(29) 业务29：单据见附表29.1和附表29.2。

(30) 业务30：单据见附表30.1至附表30.4。

(31) 业务31：单据见附表31。

(32) 业务32：单据见附表32.1和附表32.2。

(33) 业务33：单据见附表33。

(34) 业务34：单据见附表34.1和附表34.2。

(35) 业务35：单据见附表35。

(36) 业务36：单据见附表36。

(37) 业务37：单据见附表37。

(38) 业务38：单据见附表38.1至附表38.3。

(39) 业务39：单据见附表39。

(40) 业务40：单据见附表40。

(41) 业务41：单据见附表41。

(42) 业务42：单据见附表42。

(43) 业务43：单据见附表43。

(44) 业务44：12月31日，结转收入和费用账户余额。

(45) 业务45：单据见附表45。

(46) 业务46：12月31日，结转全年实现的利润。

(47) 业务47：单据见附表47。

(48) 业务48：12月31日，将"利润分配"各明细账户余额转入"利润分配——未分配利润"明细账户中。

2.5　2020年12月月末处理工作

（1）登记T形账。

（2）编制科目汇总表，见附表49。

（3）进行银行对账，单据见附表50，银行对账单见表2.16。

表 2.16　　　　　　　　中国工商银行企业网银客户存款对账单

交易日期	摘要	金额	币种	余额	对应信息
20201130	印花税	1311.00	人民币	166153.00	批量业务
20201204	网转	−20000.00	人民币	146153.00	中华少年儿童慈善救助基金会
20201205	网转	−19080.00	人民币	127073.00	中国人民财产保险股份有限公司北京市分公司
20201205	网转	−20000.00	人民币	107073.00	北京市季风广告有限公司
20201207	网转	−120000.00	人民币	−12927.00	保定市正定机械制造有限公司
20201208	转支	1779750.00	人民币	1766823.00	北京市明光进出口贸易有限公司
20201209	转支	−533925.00	人民币	1232898.00	北京市华鑫钢材贸易有限公司
20201210	增值税等	−234938.00	人民币	997960.00	批量业务
20201211	网转	−100000.00	人民币	897960.00	北京市佳美贸易有限公司
20201212	汇票	339000.00	人民币	1236960.00	郑州市国华实业有限公司
20201215	网转	287600.00	人民币	1524560.00	北京市永丰批发商贸有限公司
20201215	网转	−8284.00	人民币	1516276.00	北京市自来水集团有限责任公司
20201215	网转	−67800.00	人民币	1448476.00	国网北京市电力公司
20201216	网转	226000.00	人民币	1674476.00	北京市华成餐饮服务有限公司
20201218	网转	−79680.00	人民币	1594796.00	北京市长丰电缆公司
20201225	现支	−5000.00	人民币	1589796.00	北京市蓝梦电器有限公司
20201225	网转	−594028.09	人民币	995767.91	批量业务
20201225	现存	800.00	人民币	996567.91	北京市蓝梦电器有限公司
20201229	社保、个税	−311273.15	人民币	685294.76	批量业务
20201229	住房公积金	−187627.20	人民币	497667.56	批量业务
20201231	网转	50000.00	人民币	547667.56	北京市中兴图文有限公司
20201231	利息	2086.61	人民币	549754.17	批量业务

（4）编制资产负债表，见附表51。

（5）编制利润表，见附表52。

（6）编制增值税申报表，见附表53。

（7）主要财务指标分析见附表54。

第 3 章 会计模拟实习指导

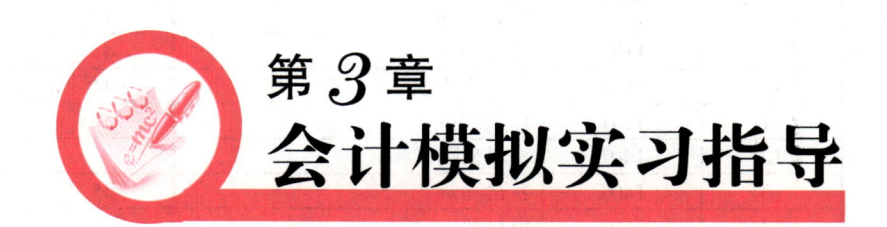

3.1 建立会计账簿体系

建立会计账簿体系，简称建账，就是建立属于单位自己的账簿体系，将各账户的期初余额过入账本中，为进一步进行账务处理做准备。建账的步骤见图 3.1。

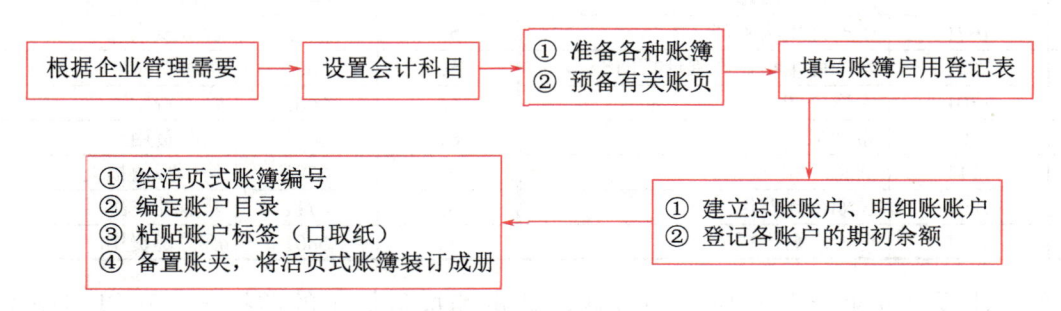

根据企业管理需要 → 设置会计科目 → ① 准备各种账簿 ② 预备有关账页 → 填写账簿启用登记表

① 给活页式账簿编号
② 编定账户目录
③ 粘贴账户标签（口取纸）
④ 备置账夹，将活页式账簿装订成册
← ① 建立总账账户、明细账账户
② 登记各账户的期初余额

图 3.1 建账的步骤

账簿体系的设置，要根据单位自身的规模大小、经济业务的繁简及经营管理的需要而定。一般地，一个企业至少应设置 4 种账册，包括现金日记账、银行存款日记账、总账和明细账。除此之外，还可以根据需要建立一些辅助性备查账簿，如租赁固定资产登记簿、支票领用登记簿等。

《企业会计准则》列示的会计科目表（简表）见表 3.1。

表 3.1 会计科目表（简表）

顺序号	编 号	会计科目名称	顺序号	编 号	会计科目名称
		一、资产类			二、负债类
1	1001	库存现金	35	2001	短期借款
2	1002	银行存款	36	2201	应付票据
3	1015	其他货币资金	37	2202	应付账款
4	1101	交易性金融资产	38	2205	预收账款
5	1121	应收票据	39	2211	应付职工薪酬
6	1122	应收账款	40	2221	应交税费
7	1123	预付账款	41	2231	应付股利

（续表）

顺序号	编号	会计科目名称	顺序号	编号	会计科目名称
8	1131	应收股利	42	2232	应付利息
9	1132	应收利息	43	2241	其他应付款
10	1231	其他应收款	44	2601	长期借款
11	1241	坏账准备			三、共同类（略）
12	1401	材料采购			四、所有者权益类
13	1402	在途物资	45	4001	实收资本
14	1403	原材料	46	4002	资本公积
15	1404	材料成本差异	47	4101	盈余公积
16	1406	库存商品	48	4103	本年利润
17	1410	商品进销差价	49	4104	利润分配
18	1411	委托加工物资			五、成本类
19	1412	周转材料	50	5001	生产成本
20	1421	消耗性生物资产	51	5101	制造费用
21	1501	长期债券投资			六、损益类
22	1524	长期股权投资	52	6001	主营业务收入
23	1601	固定资产	53	6051	其他业务收入
24	1602	累计折旧	54	6111	投资收益
25	1604	在建工程	55	6301	营业外收入
26	1605	工程物资	56	6401	主营业务成本
27	1606	固定资产清理	57	6402	其他业务成本
28	1621	生产性生物资产	58	6405	税金及附加
29	1622	生产性生物资产累计折旧	59	6601	销售费用
30	1701	无形资产	60	6602	管理费用
31	1702	累计摊销	61	6603	财务费用
32	1711	商誉	62	6702	信用减值损失
33	1801	长期待摊费用	63	6711	营业外支出
34	1901	待处理财产损溢	64	6801	所得税费用

企业在不违反《企业会计准则》中确认、计量和报告规定的前提下，可以根据本企业的实际情况自行增设、分拆、合并会计科目。企业不存在的交易或事项，可不设置相关会计科目。对于明细科目，企业可以比照《企业会计准则》列示的会计科目表中的规定自行设置。

1. 账簿启用登记表

在手工记账情况下，启用账簿时，应当在账簿封面上写明单位名称和账簿名称。在账簿扉页上应附账簿启用登记表，先填写启用日期、账簿页数（活页式账簿，可于装订时填写起止页数）、记账人员和会计机构负责人、会计主管人员姓名等主要信息，然后加盖名章和单位公章。

当记账人员或会计机构负责人、会计主管人员出现工作调动时，还应当注明交接日期、接办人员或监交人员姓名，并由交接双方人员签名或盖章。

2. 建立总分类账

独立核算的单位都应以《企业会计准则——应用指南》中规定的会计科目为依据设置总账。通常地，总账采用订本式账簿，账页选用三栏式账页，由科目、日期、凭证、摘要、借方、贷方、借或贷与余额等栏目组成。

（1）资产类账户的余额一般在借方，如货币资金各账户、存货各账户等。但也有一些资产类账户，其余额在贷方，如"累计折旧""累计摊销"等账户；"预付账款"等账户也有可能出现贷方余额。

（2）负债类账户的余额一般在贷方，如"短期借款""应付票据"等账户，但有些负债类账户，如"应交税费""预收账款"等账户，也可能出现借方余额。

（3）所有者权益类账户的余额一般在贷方，如"实收资本""资本公积"等账户，但有些所有者权益类账户，如"利润分配"账户的期末余额可能在借方，表示尚未弥补的亏损。

（4）成本类账户主要包括"生产成本""制造费用"账户，其中，"生产成本"账户余额一般在借方，表示期末尚未完工的在产品成本；"制造费用"账户则一般无余额。

（5）在每期期末，应将损益类各账户的本期发生额转入"本年利润"账户，因此，此类账户期末都无余额，见表3.2。

表 3.2 损益类总账期初余额表

科目名称	方　向	期初余额	科目名称	方　向	期初余额
主营业务收入	贷	0.00	销售费用	借	0.00
其他业务收入	贷	0.00	管理费用	借	0.00
营业外收入	贷	0.00	财务费用	借	0.00
投资收益	贷	0.00	资产减值损失	借	0.00
主营业务成本	借	0.00	营业外支出	借	0.00
税金及附加	借	0.00	所得税费用	借	0.00

3. 建立日记账

日记账是用来逐日逐笔连续记录经济业务的簿籍，任何单位都应设现金日记账和银行存款日记账。

设置日记账，应采用订本账。常用的账页格式为三栏式。其中，银行存款日记账应按开户银行名称、账号设置，有外币存款的企业应分别人民币和各种外币设置双栏借贷式"银行存款日记账"进行序时核算。

4. 建立明细账

建立明细账，可以采用的账页格式有三栏式账页、数量金额式账页、多栏式账页和横线登记式账页（又称平行登记式账页）。

（1）三栏式明细账的格式与三栏式总账相同，也使用"借方"、"贷方"和"余额"三栏式账页，适用于只需进行金额核算，不需进行实物数量核算的账户，如应收账款、短期借款、应付账款、长期借款、实收资本等。

① 在其他货币资金明细账中，外埠存款按外埠存款开户行设置（如支付宝存款等）；银行汇（本）票、信用证等按收款单位设置；存出投资款按证券账号设置。

② 应收票据明细账按票据种类及开出、承兑汇票的单位设置，并设置应收票据备查簿，逐笔登记每一票据的种类、票号、出票日期、票面金额、合同交易号和付款人、承兑人、背书人的姓名或单位名称、到期日期和利率、贴现日期、贴现率和贴现净额，以及收款日期和收回金

额等资料。

③ 应收账款和预收账款明细账应按购买货物或接受劳务的单位（或个人）设置，并设置委托收款登记簿。

④ 预付账款和应付账款明细账应按购买货物或接受劳务的单位（或个人）设置。

⑤ 其他应收款和其他应付款明细账应按款项类型及对方单位（或个人）设置。

⑥ 在原材料和库存商品明细分类账中，按存货类别设置三栏式二级明细账；按存货的保管地点（仓库）、存货类别、品种和规格设置数量金额式明细账。

⑦ 在固定资产明细账中，按固定资产类别和项目设置三栏式明细账，在明细科目下应设置固定资产登记簿或固定资产卡片。

⑧ 短期借款和长期借款明细账按借款种类、贷款人和币种设置，同时设置借款备查簿，登记借款合同号、借款的借入和归还日期、本金、利率、利息、支付方式等。

⑨ 应付票据明细账按票据种类及债权人设置，并设置"应付票据备查簿"。

⑩ 应交税费明细账按税费项目设置。

⑪ 实收资本明细账按投资者设置。

⑫ 资本公积明细账按形成资本公积的类别设置。

（2）数量金额式明细账账页，也采用"借方"、"贷方"和"结存"三栏式的基本结构，但在每栏下面又分别设置"数量"、"单价"和"金额"三个小栏目。这种格式适用于既需要进行金额核算，又需要进行具体的实物数量核算分析的各种财产物资账户，如原材料、周转材料、库存商品等账户。

（3）多栏式明细账是根据经济业务的特点和经营管理的需要，在借方、贷方或其中某一方增设若干分析栏目，所以又称分析性明细账，具体又有借贷式和合计式两种。

① 借贷式主要适用于资产类、负债类、所有者权益类账户，其格式是在借、贷、余三方各设专栏，以起到分析、控制作用，如增值税一般纳税人在建立应交税费——应交增值税明细账时，借方分析栏设置进项税额、已交税金、转出未交增值税等栏目，贷方分析栏设置销项税额、进项税额转出、转出多交增值税、出口退税等栏目。

② 合计式主要适用于成本类、损益类（收入和费用类）账户，其特点是对账户核算的内容列示出进一步分类的项目。

• 需要对金额进行分析的多栏式明细账应按项目发生的频繁程度从左至右设置专栏，主要项目单独反映；非主要的或比较零碎的项目可以合并反映，统一记入其他栏中。例如，制造费用明细账，在借方金额分析栏按照企业通常涉及的费用依次填写职工薪酬、折旧费、机物料消耗、水电费等项目，在最后栏目填写"其他"。

如果建立收益类账户多栏式明细账，在确定金额分析栏项目时，应先把"借"字划去，在括号里写上"贷"字，表示进行贷方金额分析。例如，成本费用和收入类明细账的项目设置见表3.3。

表 3.3　　　　　　　　　　成本费用和收入类明细账的项目设置

制造费用明细项目 　办公费、职工薪酬、折旧费、机物料消耗、水电费、其他	销售费用明细项目 　运输费、职工薪酬、广告费、折旧费、水电费、业务招待费、其他
主营业务收入明细项目 　台式风扇、落地风扇	管理费用明细项目 　职工薪酬、办公费、折旧费、机物料消耗、水电费、差旅费、财产保险费、业务招待费、其他
营业外收入明细项目 　罚款净收入、出租包装物收入	财务费用明细项目 　金融机构手续费、利息支出
主营业务成本明细项目 　台式风扇、落地风扇	营业外支出明细项目 　捐赠支出、非常损失
税金及附加明细项目 　城市维护建设税、教育费附加、房产税、车船税、土地使用税	信用减值损失明细项目 　应收款项

其中，制造费用明细账还可按不同的车间、部门设置账页，再按费用项目设置专栏；管理费用明细账按照各管理部门设置，再按费用项目设置专栏。

- 生产成本明细账一般采用合计式多栏明细账，按基本生产车间、辅助生产车间和成本计算对象设置，并按规定的成本项目设置直接材料、直接人工、直接动力和制造费用 4 个专栏。如果当期某费用项目发生数额较大，可在"制造费用"后再单独开设专栏，如燃料及动力、废品损失等。成本项目各专栏金额之和等于借方发生额。

- 固定资产应设置三栏式明细账或专用明细账，并在明细科目下设置固定资产登记簿和固定资产卡片，按固定资产类别、使用部门和每项固定资产进行明细核算。固定资产登记簿按使用保管部门及人员设置，并按固定资产类别设置专栏，根据固定资产增减和内部转移的凭证登记。临时租入固定资产，可另设备查簿进行登记，不应记入"固定资产"账簿中。

5. 横线登记式明细账

在途物资明细账可以按供应单位或物资品种设置，既可采用三栏式账页，也可采用横线登记式账页。如果采用横线登记式账页，其格式是：分"收料"和"付款"两栏。其登记方法是：在同一行内，"付款"栏登记物资实际采购成本，"收料"栏登记物资入库情况；凡在"付款"栏与"收料"栏都有记录的，说明该项物资采购业务已经结束；如果只有"付款"栏记录，而"收料"栏没有记录，就说明是在途物资。

6. 账户目录

账户目录用于记明每个账户的名次和页次。财会人员应根据会计科目的类别按顺序建账。账户目录可在建账之前填写，也可在建账之后填写。

启用订本式账簿，应当从第一页到最后一页顺序编定页数，不得跳页、缺号。由于账页固定，不能增加或删除账页，因此必须充分估计好实际需要，保留空白账页，保证账户登记的连续性。

使用活页式账页，应当按账户顺序编号，并定期装订成册。装订后再按实际使用的账页顺序编定页码。另加目录，记明每个账户的名称和页次。活页式账页编号的具体方法是：按账户顺序编列分页号，一个账户编一个号，如一个账户记载 2 页以上账页时，可在"分页号"后加编附号，例如，某账户的分页号为12号，有5页账页，分页号则编定为：12-1、12-2、12-3、12-4、12-5。

7. 粘贴账户标签

为了便于查阅和登记账目，除在账页上端填写总账科目和子目（或户名）外，可在账页的右侧粘贴账户标签，俗称"口取纸"。通常情况下，可按一级科目或二级科目粘贴，只需在账户标签左右两边写明账户名称即可。例如，"原材料——原料及主要材料"，"其他应收款——应收个人款"，等等。但不要在活页账的每页账页都贴上标签，贴满了反而不便，三级明细科目可在账簿首页设置目录。

说明 在我国，营业账簿是要收印花税的。营业账簿是指单位或个人记载生产经营活动的财务会计核算账簿。营业账簿按其反映内容的不同，可分为记载资金的账簿和其他账簿。其中，记载资金的账簿是指反映生产经营单位资本金额增减变化的账簿；其他账簿是指除上述账簿以外的账簿，包括日记账账簿和各明细账账簿。对记载资金的营业账簿按实收资本（股本）、资本公积的0.25‰征收印花税，对其他营业账簿不征收印花税。

8. 账簿的装订与保管

每本账簿封面的颜色同一年应力求一致，每年更换一色，便于区别年度，使用方便。账簿内部应编好目录，建立索引。旧账簿归档保管时，最好不要把账夹取掉，以免造成找账、查账不便。

会计年度终了应将账簿装订成册。活页账要编好账户目录、页码，加具封皮或账夹，用账绳（或账钉）系（拧）紧，但也不要系（拧）得太松，太松了会使账页上下左右晃动，损坏装订孔，继而损坏账页。然后在账簿封皮上写明账簿的种类、单位、时间，在账簿的脊背上也要写明账簿的种类、时间。

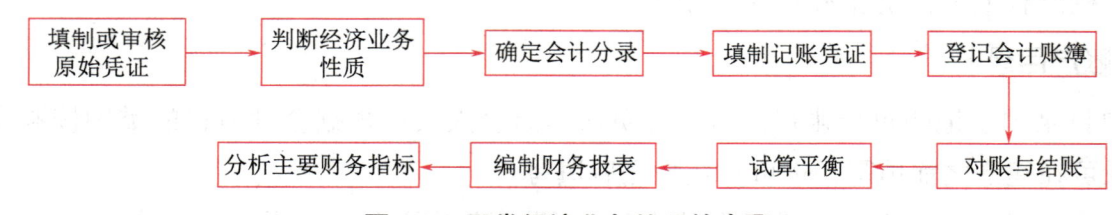

3.2 日常经济业务处理

日常经济业务处理的步骤见图3.2。

填制或审核原始凭证 → 判断经济业务性质 → 确定会计分录 → 填制记账凭证 → 登记会计账簿 → 对账与结账 → 试算平衡 → 编制财务报表 → 分析主要财务指标

图3.2 日常经济业务处理的步骤

业务1

【业务判断】

从"领料单"中可以得知，这是一笔生产领用原材料业务。

【业务岗位】

本业务涉及的岗位有领料人、发料人、相关责任人、会计等。

【业务处理】

（1）审核领料单。

（2）登记原材料明细账。

【业务指导】

1. 全月一次加权平均法

采用实际成本进行材料日常核算的企业，发出原材料的实际成本，可以采用先进先出法、加权平均法或个别计价法等方法计算确定。对不同的原材料可以采用不同的计价方法。材料计价方法一经确定，不得随意变更。如需变更，应在财务报表附注中予以说明。

全月一次加权平均法是指在月末计算一次平均单价，用该单价乘以发出材料数量，即为发出材料的实际成本。

2. 原材料明细账设置与登记

原材料应按原材料的保管地点（如仓库等）、类别、品种、规格等设置明细账。原材料明细账应根据收料凭证和发料凭证逐笔登记。

企业至少应有一套同时包括数量和金额的原材料明细账，由财会部门登记；也可以由材料仓库保管员登记数量，定期由财会部门稽核并登记金额。

在全月一次加权平均法下，平时领用材料不需做领用材料成本的账务处理，只需根据领料单在原材料明细账中登记领用材料的数量，月末计算确定领用和结存材料的单价和金额。

【法规检索】

本业务可能涉及的法律法规见表3.4。

表 3.4　　　　　　　　　　　　本业务可能涉及的法律法规

法律法规名称	颁布、修订或施行时间
企业会计准则——基本准则	2014-07-23
企业会计准则第1号——存货	2007-01-01
企业会计准则应用指南	2007-01-01

业务2

【业务判断】

（1）从"支出报销单"中可以得知，这是一笔材料采购业务，并采用支付宝转账汇款方式结算货款。

（2）从"增值税专用发票"中可以得知，本业务的进项税额可以从销项税额中抵扣。

（3）从"支付宝账单"中可以得知，交易已完成。

（4）从"收料单"中可以得知，材料已经入库。

因此，本业务可以描述为：12月3日，从石家庄市德利通商贸有限公司购买漆包铜线，通过支付宝第三方交易平台结算货款，漆包铜线已到达并验收入库。

【业务岗位】

本业务涉及的岗位有采购员、仓库保管员、相关责任人、逐级审批领导、会计、财务主管、出纳等。

【业务处理】

（1）审核相关原始凭证。

（2）补充填写收料单。

（3）填制记账凭证。

（4）登记原材料明细账。

（5）登记应交税费——应交增值税明细账。

（6）登记其他货币资金明细账。

【业务指导】

1. 第三方交易平台

第三方交易平台是指在电子商务活动中为交易双方或多方提供交易撮合及相关服务的信息网络系统总和。

支付宝（中国）网络技术有限公司是国内的第三方支付平台，致力于提供"简单、安全、快速"的支付解决方案。支付宝公司旗下有"支付宝"与"支付宝钱包"两个独立品牌。支付宝与国内外 180 多家银行及 VISA、MasterCard 国际组织等机构建立了战略合作关系，成为金融机构在电子支付领域值得信任的合作伙伴。

支付宝存款属于其他货币资金。

2. 外购材料的采购成本

外购材料的采购成本包括买价、运杂费、运输途中的合理损耗、入库前的整理挑选费用、购入存货负担的税金、其他费用等。

增值税属于价外税，一般纳税人所支付的增值税不能计入采购成本，企业可以将其作为进项税额从销项税额中抵扣。

3. 发票

（1）发票是指在购销商品、提供或接受服务及从事其他经营活动中，开具、收取的收付款凭证。在对外发生经营业务收取款项时，收款方应当向付款方开具发票。

（2）发票有专用发票、普通发票和专业发票三大类。其中，专用发票是纳税人销售货物或提供劳务，按规定向购买者填开的。

（3）作为扣税凭证使用的专用发票，只限于增值税的一般纳税人领购使用，增值税的小规模纳税人和非增值税纳税人不得领购使用。

4. 增值税一般纳税人

增值税实行价外税，是以销售收入中的增值额为计税依据，其应纳税额是当期销项税额抵扣进项税额后的余额。

应纳税额 = 当期销项税额 − 当期进项税额 + 进项税额转出

销项税额 = 销售额 × 适用税率

进项税额 = 购进货物价款 × 适用税率

在购进货物时，会计处理上实行价与税的分离，即增值税专用发票上注明的增值税额和价款，属于价款部分计入购入货物（或劳务）的成本，属于增值税部分则计入进项税额。

在销售货物时，向购买方收取的增值税作为销项税额。如果定价中含税，必须还原为不含税价格作为销售收入。

增值税一般纳税人发生增值税应税销售行为或进口货物，适用税率为13%。

5. "应交税费——应交增值税"账户结构

增值税一般纳税人应当在"应交税费"科目下设置应交增值税、未交增值税、预交增值税等明细科目。同时，在"应交增值税"明细账内设置进项税额、已交税金、转出未交增值税、减免税款、销项税额、进项税额转出、转出多交增值税等专栏。其中：

（1）"进项税额"专栏，记录一般纳税人购进货物、加工修理修配劳务、服务、无形资产等而支付或负担的，准予从当期销项税额中抵扣的增值税额。

（2）"已交税金"专栏，记录一般纳税人当月已缴纳的应交增值税额。

（3）"转出未交增值税"和"转出多交增值税"专栏，分别记录一般纳税人月度终了转出当月应交未交或多交的增值税额。

（4）"减免税款"专栏，记录一般纳税人按现行增值税政策规定准予减免的增值税额。

（5）"销项税额"专栏，记录一般纳税人销售货物、加工修理修配劳务、服务、无形资产等应收取的增值税额。

（6）"进项税额转出"专栏，记录一般纳税人购进货物、加工修理修配劳务、服务、无形资产等发生非正常损失，以及其他原因而不能从销项税额中抵扣、按规定转出的进项税额。

（7）"未交增值税"明细科目，核算一般纳税人月度终了从"应交增值税"明细科目转入当月应交未交、多交或预交的增值税额，以及当月缴纳以前期间未交的增值税额。

【法规检索】

本业务可能涉及的法律法规见表3.5。

表3.5　　　　　　　　　　本业务可能涉及的法律法规

法律法规名称	颁布、修订或施行时间
关于深化增值税改革有关事项的公告	2019-04-01
关于调整增值税税率的通知	2018-05-01
中华人民共和国增值税暂行条例	2017-11-19
中华人民共和国增值税暂行条例实施细则	2017-11-19
增值税会计处理规定	2016-12-03

(续表)

法律法规名称	颁布、修订或施行时间
关于全面推开营业税改征增值税试点的通知	2016-05-01
企业会计准则——基本准则	2014-07-23
企业会计准则第1号——存货	2007-01-01
企业会计准则应用指南	2007-01-01

业务3

【业务判断】

（1）从"支出报销单"和"公益事业捐赠统一票据"中可以得知，这是一笔公益性捐赠业务。

（2）从"网上银行电子回单"中可以得知，这笔款项是通过网上银行转账支付的。

【业务岗位】

本业务涉及的岗位有经办人、逐级审批领导、会计、财务主管、出纳等。

【业务处理】

（1）审核相关原始凭证。

（2）填制记账凭证。

（3）登记营业外支出明细账。

（4）登记银行存款日记账。

【业务指导】

1. 公益事业捐赠的相关规定

（1）捐赠人可以与受赠人就捐赠财产的种类、质量、数量和用途等内容订立捐赠协议。捐赠人应当依法履行捐赠协议，按照捐赠协议约定的期限和方式将捐赠财产转移给受赠人；受赠人应当按照协议约定的用途使用捐赠财产，不得擅自改变捐赠财产的用途，如果确需改变用途的，应当征得捐赠人的同意。

（2）受赠人接受捐赠后，应当向捐赠人出具合法、有效的收据，将受赠财产登记造册，妥善保管。

（3）公益性社会团体应当将受赠财产用于资助符合其宗旨的活动和事业。对于接受的救助灾害的捐赠财产，应当及时用于救助活动。基金会每年用于资助公益事业的资金数额，不得低于国家规定的比例；公益性非营利的事业单位应当将受赠财产用于发展本单位的公益事业，不得挪作他用。

（4）对于不易储存、运输和超过实际需要的受赠财产，受赠人可以变卖，所取得的全部收入应当用于捐赠目的。

（5）公司和其他企业依法捐赠财产用于公益事业，可享受企业所得税方面的优惠。

（6）自然人和个体工商户依法捐赠财产用于公益事业，可享受个人所得税方面的优惠。

2．网上银行转账

网上银行又称网络银行、在线银行，是指商业银行利用互联网技术，通过互联网向客户提供开户、查询、对账、行内转账、跨行转账、信贷、网上证券、投资理财等传统服务项目，使客户可以足不出户就能够安全便捷地管理活期和定期存款、支票、信用卡及个人投资等。可以说，网上银行是在互联网上的虚拟银行柜台。

网上汇款是企业通过网上银行办理转账汇款类业务的总称。企业通过网上银行以逐笔或批量方式向全国范围内各家银行的企业账户办理人民币转账汇款。网上银行转账具体可分为同城本行内账户间转账、同城跨行转账、异地行内转账和异地跨行转账 4 种情况。单笔转账额度最高为 500 万元。

【法规检索】

本业务可能涉及的法律法规见表 3.6。

表 3.6　　　　　　　　　　本业务可能涉及的法律法规

法律法规名称	颁布、修订或施行时间
企业会计准则——基本准则	2014-07-23
公益事业捐赠票据使用管理暂行办法	2011-07-01
企业会计准则应用指南	2007-01-01
中华人民共和国公益事业捐赠法	1999-09-01

业务4

【业务判断】

（1）从"支出报销单"和"增值税专用发票"中可以得知，这是一笔预付第二年财产保险费业务。

（2）从"网上银行电子回单"中可以得知，这笔款项是通过网上银行转账支付的。

【业务岗位】

本业务涉及的岗位有经办人、逐级审批领导、会计、财务主管、出纳等。

【业务处理】

（1）审核有关原始凭证。

（2）填制记账凭证。

（3）登记预付账款明细账。

（4）登记应交税费——应交增值税明细账。

（5）登记银行存款日记账。

【业务指导】

1. 企业财产保险

企业财产保险是我国财产保险业务中的主要险种之一，其适用范围很广，一切工商、建筑、交通、服务企业、国家机关、社会团体等均可投保企业财产保险。

企业财产保险分为基本险和综合险两种，投保人可根据被保险人的具体风险情况进行选择。在投保时，一般要向保险人提供资产负债表等能够表明财务资产情况及证明企业营业范围的材料，以便与保险人协商确定保险金额和保险费率。此外，要如实填写投保单及相关单证（可在保险公司人员的指导下完成），并交付相应的保险费。

2. 财产保险单

财产保险单是保险人与被保险人订立保险合同的书面证明，是投保人、被保险人向保险人索赔或保险人处理赔偿的主要依据。但是，财产保险单既不是有价证券，也不是可以折价或变卖的财产，因此不能用于抵押。

3. 权责发生制

权责发生制又称应收应付制，是指以本会计期间发生的费用和收入是否应计入本期损益为标准，处理有关经济业务的一种制度。实行这种制度，有利于正确反映各期的费用水平和盈亏状况。

权责发生制的基本原理是：凡是在本期内已经收到和已经发生或应当负担的一切费用，不论其款项是否收到或付出，都作为本期的收入和费用处理；反之，凡不属于本期的收入和费用，即使款项在本期收到或付出，也不应作为本期的收入和费用处理。

因此，预付第二年财产保险费虽然在本期实际支付了，但是不能作为本期的费用处理，应列作预付账款，在第二年按月分摊。

【法规检索】

本业务可能涉及的法律法规见表3.7。

表3.7　　　　　　　　　　本业务可能涉及的法律法规

法律法规名称	颁布、修订或施行时间
关于深化增值税改革有关事项的公告	2019-04-01
关于调整增值税税率的通知	2018-05-01
中华人民共和国增值税暂行条例	2017-11-19
中华人民共和国增值税暂行条例实施细则	2017-11-19
增值税会计处理规定	2016-12-03
关于全面推开营业税改征增值税试点的通知	2016-05-01
企业会计准则——基本准则	2014-07-23
中华人民共和国保险法	2009-10-01
企业会计准则应用指南	2007-01-01

业务5

【业务判断】

从"支出报销单"得知,这是一笔支付广告制作费业务。

【业务岗位】

本业务涉及的岗位有经办人、逐级审批领导、会计、财务主管、出纳等。

【业务处理】

(1)审核原始凭证。

(2)填制记账凭证。

(3)登记销售费用明细账。

(4)登记应交税费——应交增值税明细账。

(5)登记银行存款日记账。

【业务指导】

1. 文化创意服务

广告设计按"文化创意服务——设计服务"税目缴纳增值税,其中,一般纳税人适用税率为6%,小规模纳税人适用税率为3%。除广告设计外,广告的制作、发布、代理、策划、播映、宣传、展示等都属于文化创意服务。

2. 销售费用明细账的开设

"销售费用"账户期初无余额,企业既可在期初建账,也可在发生第一笔业务时建账。销售费用明细账一般采用多栏式账页。

【法规检索】

本业务可能涉及的法律法规见表3.8。

表3.8　　　　　　　　　　　　本业务可能涉及的法律法规

法律法规名称	颁布、修订或施行时间
关于深化增值税改革有关事项的公告	2019-04-01
关于调整增值税税率的通知	2018-05-01
中华人民共和国广告法	2018-10-26
中华人民共和国增值税暂行条例	2017-11-19
中华人民共和国增值税暂行条例实施细则	2017-11-19
增值税会计处理规定	2016-12-03
关于全面推开营业税改征增值税试点的通知	2016-05-01
企业会计准则——基本准则	2014-07-23
企业会计准则应用指南	2007-01-01

业务6

【业务判断】

从"产品入库单"中可以得知,这是一笔完成产品入库业务。

【业务岗位】

本业务涉及的岗位有仓库保管员、相关责任人、会计等。

【业务处理】

(1)审核产品入库单。

(2)登记库存商品明细账。

【业务指导】

企业的产成品一般应按实际成本进行核算。在这种情况下,产成品的收入、发出和销售,平时只记数量不记金额。月度终了,计算入库产成品的实际成本。

【法规检索】

参见表3.4。

业务7

【业务判断】

(1)从"重付款通知单"中可以得知,这是一笔原来暂欠供应商货款再次申请支付业务。

(2)从"收据"中可以得知,经双方协商,供应商同意企业归还部分货款并开具了收据。

(3)从"网上银行电子回单"中可以得知,暂欠的部分货款已支付。

【业务岗位】

本业务涉及的岗位有经办人、逐级审批领导、会计、财务主管、出纳等。

【业务处理】

(1)审核相关原始凭证。

(2)填制记账凭证。

(3)登记应付账款明细账。

(4)登记银行存款日记账。

【业务指导】

支付应付账款,必须经过财务部、采购部及验收部门的支付会签,然后报至总经理审批,待手续完备后才能支付款项。所支付的款项单证应妥善保管,不得丢失,以防未来产生经济纠纷。每月应做好应付账款的账龄分析,甚至可以对供应商进行考核,在保证同质同量的情况下,考虑更换价格更优的合作伙伴。

【法规检索】

本业务可能涉及的法律法规见表3.9。

表 3.9　　　　　　　　　　　　本业务可能及的法律法规

法律法规名称	颁布、修订或施行时间
保障中小企业款项支付条例	2020-07-01
企业会计准则——基本准则	2014-07-23
企业会计准则应用指南	2007-01-01

业务8

【业务判断】

（1）从"出差申报单"和"差旅费报销单"中可以得知，这是一笔职工出差报销业务。

（2）从"火车票"和"增值税专用发票"中可以得知，这笔业务发生的进项税额可以从销项税额中抵扣。

【业务岗位】

本业务涉及的岗位有出差人、逐级审批领导、会计、财务主管、出纳等。

【业务处理】

（1）审核相关原始凭证。

（2）填制记账凭证。

（3）登记管理费用明细账。

（4）登记应交税费——应交增值税明细账。

（5）登记现金日记账。

【业务指导】

1. 差旅费报销业务处理流程

职工差旅费报销业务处理流程见图 3.3。

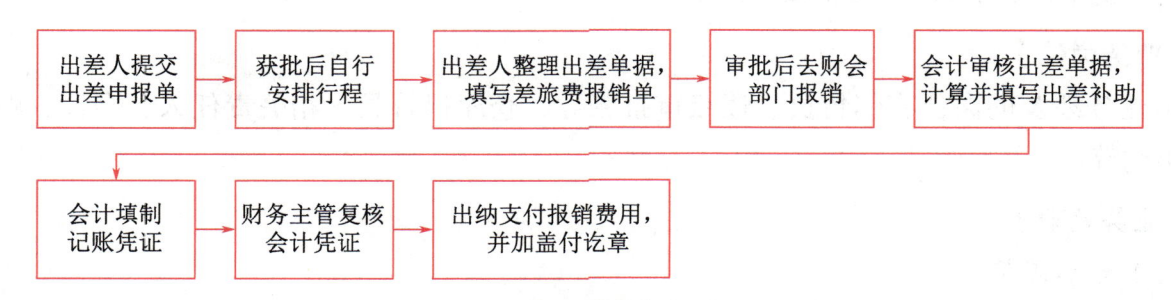

图 3.3　职工差旅费报销工作流程图

2. 国内旅客运输服务

一般纳税人购进国内旅客运输服务，其进项税额允许从销项税额中抵扣。

（1）取得增值税电子普通发票的，为发票上注明的税额。

（2）取得注明旅客身份信息的航空运输电子客票行程单的，按下列公式计算进项税额：

$$航空旅客运输进项税额 = （票价 + 燃油附加费）\div（1+9\%）\times 9\%$$

（3）取得注明旅客身份信息的铁路车票的，按下列公式计算进项税额：

$$铁路旅客运输进项税额 = 票面金额 \div（1+9\%）\times 9\%$$

（4）取得注明旅客身份信息的公路、水路等其他客票的，按下列公式计算进项税额：

$$公路、水路等其他旅客运输进项税额 = 票面金额 \div（1+3\%）\times 3\%$$

3. 管理费用明细账的开设

"管理费用"账户期初无余额，企业既可在期初建账，也可在发生第一笔业务时建账。管理费用明细账一般采用多栏式账页。

【法规检索】

本业务可能涉及的法律法规见表 3.10。

表 3.10　　　　　　　　　　　　本业务可能涉及的法律法规

法律法规名称	颁布、修订或施行时间
关于深化增值税改革有关事项的公告	2019-04-01
中央和国家机关工作人员赴地方差旅住宿费标准	2016-05-01
企业会计准则——基本准则	2014-07-23
企业会计准则应用指南	2007-01-01

业务9

【业务判断】

（1）从"开具发票通知单"中可以得知，这是一笔商品销售业务。

（2）从收到的"转账支票"中可以得知，本业务采用转账支票方式结算货款。

（3）从"销售发货单"和"产品出库单"中可以得知，商品已经出库。

因此，本业务可以描述为：12月8日，向北京市明光进出口贸易有限公司销售台式风扇，通过转账支票结算货款，台式风扇已出库。

【业务岗位】

本业务涉及的岗位有销售员、逐级审批领导、仓库保管员、相关责任人、会计、财务主管、出纳等。

【业务处理】

（1）支票背书。

（2）填制进账单。

（3）填制增值税专用发票。

（4）审核相关原始凭证。

（5）填制记账凭证。

（6）登记银行存款日记账。

（7）登记主营业务收入明细账。

（8）登记应交税费——应交增值税明细账。

【业务指导】

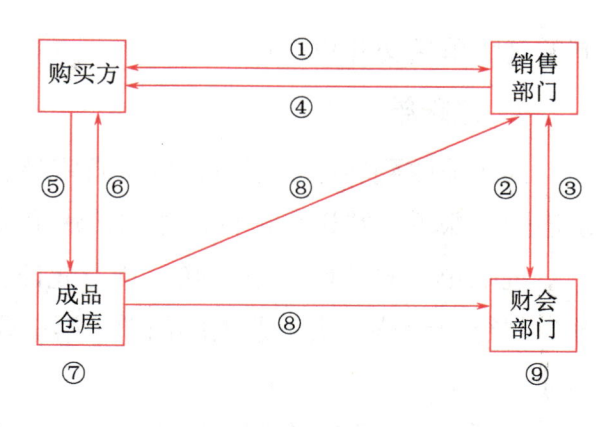

1. 商品销售工作流程

商品销售工作流程见图 3.4。

在图 3.4 中，商品销售工作流程如下：

① 销售部门与购买方签订购销合同，购买方传递货款结算单据。

② 销售部门填制一式三联销售发货单，并将购销合同复印件、开具发票通知单、货款和销售发货单交到财会部门。

③ 财会部门审核后，收妥货款结算单据和销售发货单第二联，开具一式三联增值税专用发票，其中第二、三联转交销售人员。

④ 销售人员将销售发货单第一联留存，将销售发货单（提货联）与发票第二、三联交购买方作为其提货和报销凭证。

⑤ 购买方持销售发货单（提货联）到仓库提货。

⑥ 仓库保管员审核销售发货单（提货联）后，发货。

⑦ 仓库保管员发货后，留下销售发货单（提货联），填制产品出库单，留存出库单第一联据以登记产品保管账。

⑧ 仓库保管员将产品出库单第二联传递给销售部门备查，将第三联传递给财会部门入账。

⑨ 财会部门根据增值税专用发票第一联及货款结算单据确认销售收入，依据产品出库单第三联月末结转销售成本，进行账务处理。

图 3.4 商品销售工作流程

2. 支票送存银行业务流程

当企业收到转账支票时，应认真审核，如实开具各种发票；支票背书后，连同进账单一起到银行办理转账手续。支票送存银行业务流程见图 3.5。

3. 支票背书

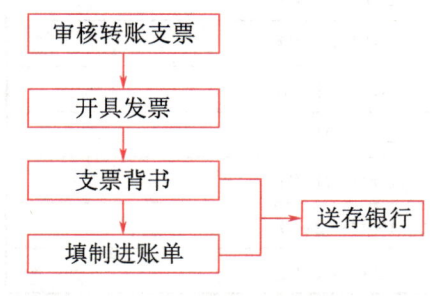

图 3.5 支票送存银行业务流程

背书是指票据持有人在票据背面签字，签字人称为背书人。支票背书转让时，应由背书人在支票背面记载被背书人名称和背书日期，加盖预留银行印鉴。若背书未记载日期的，视为在支票到期日前背书。

企业收到转账支票后可以委托开户银行收款或直接向付款人提示付款。持票人委托开户银行收款时，应做委托收款背书：在支票背面，在被背书人栏记载开户银行名称；在背书人签章栏记载"委托收款"字样、背书日期、签章（加盖预留银行印鉴）。支票背书后，将支票和填制的进账单送交开户银行。

4. 进账单

当企业收到转账支票时,应认真审核,并进行支票背书。支票背书后,填制进账单,将支票连同进账单一并送存银行,办理转账手续。

进账单一式三联,第一联为贷方凭证,由收款人开户银行作贷方凭证;第二联为回单,是开户银行交给持(出)票人的回单;第三联为收账通知,是收款人开户银行交给收款人的收账通知。

持票人、出票人在同一银行机构开户的,银行在进账单第二联加盖业务公章、在第三联加盖转讫章作收账通知,一并交给持票人作为记账依据;在第一联加盖转讫章作贷方凭证,办理转账。持票人、出票人不在同一银行机构开户的,持票人开户行应在进账单上按票据交换场次加盖"收妥后入账"的戳记,将第二联加盖业务公章退持票人作为银行受理回单,将支票按同城票据交换有关规定及时提出交换,待退票时间过后,进账单第一联作贷方凭证,同时将进账单第三联加盖转讫章退持票人。

【法规检索】

本业务可能涉及的法律法规见表3.11。

表3.11　　　　　　　　　　本业务可能涉及的法律法规

法律法规名称	颁布、修订或施行时间
关于深化增值税改革有关事项的公告	2019-04-01
关于调整增值税税率的通知	2018-05-01
企业会计准则第14号——收入	2018-01-01
中华人民共和国增值税暂行条例	2017-11-19
中华人民共和国增值税暂行条例实施细则	2017-11-19
增值税会计处理规定	2016-12-03
关于全面推开营业税改征增值税试点的通知	2016-05-01
企业会计准则——基本准则	2014-07-23
票据管理实施办法	2011-01-08
企业会计准则应用指南	2007-01-01
企业会计准则第1号——存货	2007-01-01
支付结算办法	1997-12-01
中华人民共和国票据法	1996-01-01

业务10

【业务判断】

(1)从"支出报销单"中可以得知,这是一笔以现金方式报销办公用品业务。

(2)从"增值税电子普通发票"中可以得知,这笔业务的进项税额不能从销项税额中抵扣。

(3)从"入库单"和"出库单"中可以得知,办公用品直接被相关部门领用。

【业务岗位】

本业务涉及的岗位有经办人、逐级审批领导、会计、财务主管、出纳等。

【业务处理】

（1）审核相关原始凭证。

（2）填制记账凭证。

（3）登记管理费用明细账。

（4）登记现金日记账。

【业务指导】

1. 职工报销费用工作流程

职工报销费用工作流程见图3.6。

报销凭证 → 主管部门审核签字 → 财会部门审核 → 支付现金

图 3.6 职工报销费用工作流程

职工报销各项支出时，原始凭证（如购买物品的发票等）应经部门负责人签章同意，并到仓库保管员处办理入库、出库手续。然后将所有单据交会计审核，会计填制记账凭证，交财务主管复核。出纳根据报销金额向报销职工支付现金，并加盖"现金付讫"章。

2. 增值税电子普通发票相关规定

增值税电子普通发票的开票方和受票方需要纸质发票的，可以自行打印增值税电子普通发票的版式文件。其法律效力、基本用途和基本使用规定等与税务机关监制的增值税普通发票相同。

购买方把电子发票打印出来，可以报销、入账，属于合法、有效凭证。电子发票是普通发票，不属于增值税专用发票，不能抵扣进项税额。

【法规检索】

本业务可能涉及的法律法规见表3.12。

表 3.12　　　　　　　　　　本业务可能涉及的法律法规

法律法规名称	颁布、修订或施行时间
关于深化增值税改革有关事项的公告	2019-04-01
关于调整增值税税率的通知	2018-05-01
中华人民共和国增值税暂行条例	2017-11-19
中华人民共和国增值税暂行条例实施细则	2017-11-19
增值税会计处理规定	2016-12-03
关于全面推开营业税改征增值税试点的通知	2016-05-01
企业会计准则——基本准则	2014-07-23
企业会计准则应用指南	2007-01-01

业务11

【业务判断】

（1）从"支出报销单"中可以得知，这是一笔材料采购业务，并采用转账支票方式结算货款。

（2）从"增值税专用发票"中可以得知，本业务的进项税额可以从销项税额中抵扣。

（3）从开具的"转账支票"中可以得知，交易已完成。

（4）从"收料单"中可以得知，材料已经入库。

因此，本业务可以描述为：12月9日，从北京市华鑫钢材贸易有限公司购买冷板钢材，开出转账支票结算货款，冷板钢材已到达并验收入库。

【业务岗位】

本业务涉及的岗位有采购员、仓库保管员、相关责任人、会计、财务主管、出纳等。

【业务处理】

（1）审核相关原始凭证。

（2）填制转账支票。

（3）填制收料单。

（4）填制记账凭证。

（5）登记支票登记簿。

（6）登记原材料明细账。

（7）登记应交税费——应交增值税明细账。

（8）登记银行存款日记账。

【业务指导】

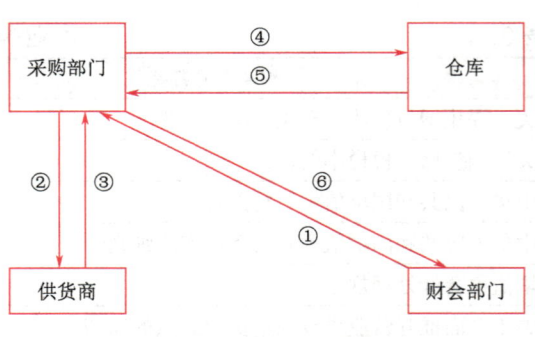

1. 现购业务工作流程

现购业务工作流程见图 3.7。

在图 3.7 中，现购业务工作流程如下：

① 根据企业制订的采购计划，采购部门拟购材料，向财会部门请款，出纳核实后即开出转账支票，并将支票正联交给采购员。

② 采购员与供货商签订购销合同，并将转账支票交给供货商。

③ 供货商开出增值税专用发票，将第二联抵扣联及第三联发票联交给采购员，并办妥托运手续。

④ 材料运到，采购员填制一式三联收料单，连同发票、运单，到仓库会同仓库保管员验收材料。

图 3.7 现购业务工作流程

⑤ 仓库保管员和检验员清点验收材料，并与发票、收料单核对，无误后，仓库保管员在收料单上填写实收数量，采购员、仓库保管员、检验员在收料单上签章。

⑥ 采购员将收料单第三联连同增值税专用发票、运费发票交财会部门报账。会计根据发票及运费单据计算并填写收料单的实际成本；定期或月末，会计到仓库根据收料单稽核原材料明细账数量，结出结存金额，月末编制收料凭证汇总表。

2. 支票领用登记簿

出纳经常遇到支票业务，做好支票领用登记簿的登记工作相当重要。支票登记簿记录了领用人领用的支票的号码、领用日期、用途、预计金额等，在一定程度上加强了银行存款的管理。

（1）出纳领用支票本时，须由财务主管指派的保管人员（如会计等）编列号码登记在空白单据登记簿上，出纳签字使用。

（2）当领用人领用支票时，要在登记簿的"领用人"栏签名或盖章。

（3）当领用人将支票的存根或未使用的支票交回时，应在登记簿的"销号"栏销号并注明销号日期。

（4）出现作废的支票，须加盖"作废"戳记，并粘贴在该同一号码的存根上，以示慎重。

（5）每日营业终了时，出纳应查对当日签发的支票存根，在存根最后一张背面标注结计金额，并与"银行存款"账户的签发金额核对相符，同时清点尚未使用的空白支票张数。

（6）用讫后的支票本（含存根）须交还保管员（如会计等）。保管员应查核使用张数及作废张数是否相符，在登记簿的"备注"栏上注明，并加以妥善保存（一般为30年）。

【法规检索】

参见表3.5。

业务12

【业务判断】

从"税收电子缴款书"中可以得知，这是一笔缴纳税费业务。

【业务岗位】

本业务涉及的岗位有会计、逐级审批领导、财务主管、出纳等。

【业务处理】

（1）审核相关原始凭证。

（2）填制记账凭证。

（3）登记应交税费明细账。

（4）登记银行存款日记账。

【业务指导】

企业应在规定时间内按期向税务机关申报纳税，缴纳各种税费。网上纳税申报基本流程如下：

（1）进入电子税务局。

（2）选择申报表。

（3）填写纳税人信息。

（4）填写纳税所属期限信息。

（5）填写申报表。

（6）确认申报表。检查有无错误，如果填写数据有误，可以点击"返回"按钮，返回修改；如果填写无误，点击"确认"按钮，完成提交。

（7）查看回执。提交后系统显示成功，可以点击"打印"按钮，打印税收电子缴款书（完税证明）。

【法规检索】

本业务可能涉及的法律法规见表3.13。

表 3.13　　　　　　　　　本业务可能涉及的法律法规

法律法规名称	颁布、修订或施行时间
中华人民共和国税收征收管理法	2015-04-24
企业会计准则——基本准则	2014-07-23
企业会计准则应用指南	2007-01-01

业务13

【业务判断】

（1）从"支出借款单"和"收据"中可以得知，这是一笔预付账款业务。

（2）从"网上银行电子回单"中可以得知，这笔预付货款已经转账完毕。

【业务岗位】

本业务涉及的岗位有采购员、逐级审批领导、会计、财务主管、出纳等。

【业务处理】

（1）审核相关原始凭证。

（2）填制记账凭证。

（3）登记预付账款明细账。

（4）登记银行存款日记账。

【业务指导】

以预付账款方式采购材料，是指根据购销合同的规定，购买方先向销售方预付一定比例的货款，等收到材料后，再与销售方结清货款，并确认材料采购成本的业务。

第3章 会计模拟实习指导

【法规检索】

参见表3.9。

业务14

【业务判断】

（1）从"重收款通知"和"收据"中可以得知，这是一笔收回前欠货款业务。

（2）从"网上银行电子回单"中得知，这笔款项已经入账。

【业务岗位】

本业务涉及的岗位有销售员、逐级审批领导、会计、财务主管、出纳等。

【业务处理】

（1）审核相关原始凭证。

（2）填制记账凭证。

（3）登记银行存款日记账。

（4）登记应收账款明细账。

【业务指导】

应收账款是指企业因销售商品、产品或提供劳务、服务等，应向购买方或接受劳务方收取的款项。

为了加强企业对应收账款的管理，避免、减少坏账损失的发生，提高企业的经济利益，应明确参与应收账款管理活动的相关部门的职责，规范应收账款核算、催收、清查、考核等工作流程和坏账核销的管理程序。

（1）财会部门负责应收款项的结算与记录，监督货款的回收，核销坏账损失。

（2）销售部门负责客户管理，签订购销合同，执行销售政策和信用政策；负责催收货款、对账，确认债权，取得货物签收回执，销售退回审批。

（3）后勤保障部门负责审核销售发货单据是否齐全，按照销售发货单据组织发货，确保库存账物相符。

【法规检索】

参见表3.9。

业务15

【业务判断】

（1）从"开具发票通知单"中可以得知，这是一笔预收款商品销售业务。

（2）从"网上银行电子回单"中得知，本业务采用网上银行转账汇款方式结算货款。

（3）从"销售发货单"和"产品出库单"中可以得知，商品已经出库。

因此，本业务可以描述为：12月15日，采用预收款方式向北京市永丰批发商贸有限公司销售落地风扇，通过网上银行转账汇款方式结清尾款，落地风扇已出库。

【业务岗位】

本业务涉及的岗位有销售员、仓库保管员、逐级审批领导、相关责任人、会计、财务主管、出纳等。

【业务处理】

（1）审核相关原始凭证。

（2）填制增值税专用发票。

（3）填制记账凭证。

（4）登记银行存款日记账。

（5）登记预收账款明细账。

（6）登记主营业务收入明细账。

（7）登记应交税费——应交增值税明细账。

【业务指导】

以预收账款方式销售商品的工作流程见图3.8。

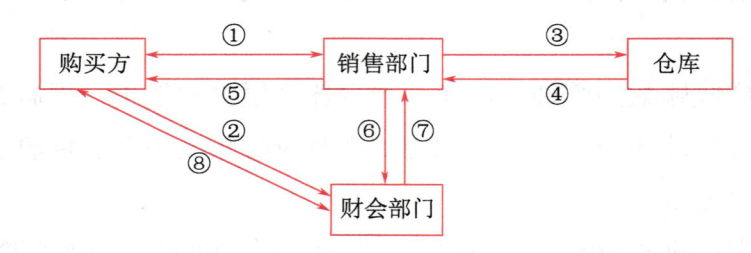

图3.8　以预收账款方式销售商品工作流程

在图3.8中，以预收账款方式销售商品的工作流程如下：

① 销售部门与购买方签订购销合同。

② 购买方预付货款，财会部门做预收账款处理。

③ 销售部门填写"销售发货单"并传递到仓库，通知仓库准备发货。

④ 仓库发货后，仓库保管员填制"产品出库单"。

⑤ 销售部门通知购买方收货。

⑥ 销售部门填写"开具发票通知单"，连同购销合同复印件、销售发货单和产品出库单一并交财会部门。

⑦ 财会部门收到销售业务单据后，开具增值税专用发票。

⑧ 财会部门与购买方结清货款，并进行预收账款业务处理。

【法规检索】

参见表3.11。

业务16

【业务判断】

（1）从"支出报销单"中可以得知，这是一笔水费充值业务。

（2）从"增值税专用发票"中可以得知，本业务的进项税额可以从销项税额中抵扣。

（3）从"网上银行电子回单"中可以得知，水费已完成充值。

因此，本业务可以描述为：12月15日，通过手机银行转账汇款方式购买自来水。

【业务岗位】

本业务涉及的岗位有出纳、逐级审批领导、会计、财务主管等。

【业务处理】

（1）审核相关原始凭证。

（2）填制记账凭证。

（3）登记预付账款明细账。

（4）登记应交税费——应交增值税明细账。

（5）登记银行存款日记账。

【业务指导】

随着国家经济与科学技术的不断发展，传统自来水水表大多都更换为智能水表，将传统的"先用水，后付费"方式变为"先付费，后用水"方式，有效地解决了收费问题。因此，水费可通过"预付账款"科目核算。

现行税法规定，自来水的增值税适用税率为9%。

【法规检索】

参见表3.12。

业务17

【业务判断】

（1）从"支出报销单"中可以得知，这是一笔电费充值业务。

（2）从"增值税专用发票"中可以得知，本业务的进项税额可以从销项税额中抵扣。

（3）从"网上银行电子回单"中可以得知，电费已完成充值。

因此，本业务可以描述为：12月15日，通过网上缴费方式进行电费充值。

【业务岗位】

本业务涉及的岗位有出纳、逐级审批领导、会计、财务主管等。

【业务处理】

（1）审核相关原始凭证。

（2）填制记账凭证。

（3）登记预付账款明细账。

（4）登记应交税费——应交增值税明细账。

（5）登记银行存款日记账。

【业务指导】

外购动力是企业从外部购入的电力、蒸汽、暖气等。当企业产品的生产工艺耗用的外购动力费用在产品成本中所占的比重较大时，一般应当单独设置"直接动力"成本项目进行核算；当外购动力费用在产品成本中所占的比重较小时，可以直接计入"直接材料"成本项目。

随着国家经济与科学技术的不断发展，传统电表大多都更换为智能电表，将传统的"先用电，后付费"方式变为"先付费，后用电"方式，有效地解决了收费问题。因此，电费可通过"预付账款"科目核算。

现行税法规定，电的增值税适用税率为13%。

【法规检索】

参见表 3.12。

业务18

【业务判断】

（1）从"重收款通知单"和"收据"中可以得知，这是一笔收回前欠货款业务。

（2）从"网上银行电子回单"中可以得知，这笔款项已经入账。

【业务岗位】

本业务涉及的岗位有销售员、逐级审批领导、会计、财务主管、出纳等。

【业务处理】

（1）审核相关原始凭证。

（2）填制记账凭证。

（3）登记银行存款日记账。

（4）登记应收账款明细账。

【业务指导】

参见业务 14 的"业务指导"。

【法规检索】

参见表 3.9。

业务19

【业务判断】

从"领料单"中可以得知,这是一笔生产领用原材料业务。

【业务岗位】

本业务涉及的岗位有领料人、发料人、相关责任人、会计等。

【业务处理】

(1)审核领料单。

(2)登记原材料明细账。

【业务指导】

参见业务1的"业务指导"。

【法规检索】

参见表3.4。

业务20

【业务判断】

(1)从"支出报销单"中可以得知,这是一笔采用预付账款方式的材料采购业务,并采用网上银行转账汇款方式结算货款。

(2)从"增值税专用发票"中可以得知,本业务的进项税额可以从销项税额中抵扣。

(3)从"网上银行电子回单"中可以得知,交易已完成。

(4)从"收料单"中可以得知,材料已经入库。

因此,本业务可以描述为:11月28日,向北京市长丰电缆公司预付300 000.00元购买漆包铜线;12月18日,到达并验收入库,同时通过网上银行补付货款。

【业务岗位】

本业务涉及的岗位有采购员、仓库保管员、相关责任人、逐级审批领导、会计、财务主管、出纳等。

【业务处理】

(1)审核相关原始凭证。

(2)补充填写收料单。

(3)填制记账凭证。

(4)登记原材料明细账。

(5)登记应交税费——应交增值税明细账。

（6）登记预付账款明细账。

（7）登记银行存款日记账。

【业务指导】

企业与供应商结清货款时，如果预付的货款有结余，供应商应将多余的款项退回；如果预付的货款不足以抵付其应付货款，企业应补足货款。

以预付账款方式采购原材料业务的核算流程见图3.9。

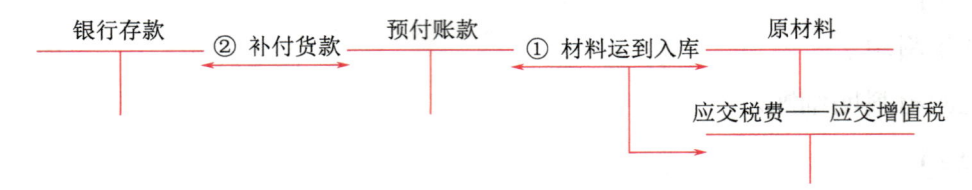

银行存款 ② 补付货款 预付账款 ① 材料运到入库 原材料
应交税费——应交增值税

图3.9　以预付账款方式采购原材料业务的核算流程

【法规检索】

参见表3.5。

业务21

【业务判断】

（1）从"支出报销单"中可以得知，这是一笔外购固定资产业务，并采用网上银行转账汇款方式结算货款。

（2）从"增值税专用发票"中可以得知，本业务的进项税额可以从销项税额中抵扣。

（3）从"网上银行电子回单"中可以得知，交易已完成。

（4）从"固定资产验收（交接）单"和"固定资产卡片"中可以得知，成型机已通过验收并交付生产车间使用。

因此，本业务可以描述为：11月30日，与北京市凌奇设备制造有限公司签订购销合同购买成型机；12月21日，所购成型机到达并通过验收，交付生产车间使用。

【业务岗位】

本业务涉及的岗位有经办人、逐级审批领导、相关责任人、会计、财务主管、出纳等。

【业务处理】

（1）审核相关原始凭证。

（2）填制记账凭证。

（3）登记固定资产二级明细账（固定资产卡片和固定资产登记簿略）。

（4）登记应交税费——应交增值税明细账。

（5）登记银行存款日记账。

【业务指导】

1. 购买设备工作流程

购买设备工作流程见图 3.10。

设备更新计划 → 设备购买通知单 → 签订设备购销合同 → 采购部、设备使用等部门办理验收、交接 → 财会部门办理付款、入账业务

图 3.10　购买设备工作流程

2. 外购固定资产成本的确定

企业外购固定资产的成本包括买价、相关税费，以及使固定资产达到预定可使用状态前所发生的可归属于该资产的运输费、装卸费、安装费、专业人员服务费等。

3. 固定资产卡片

固定资产卡片是按每一独立的固定资产项目设置的。企业新增的每项固定资产都应根据有关凭证为其建立一张卡片。固定资产卡片通常一式三份，分别由设备管理部门、使用保管部门和财会部门保管。其填制基本要求如下：

（1）新增固定资产时，应填列资产名称、规格型号、生产厂家、购置（安装、使用）日期、出厂日期、资产类别、使用部门、资产原值、预计清理残值、预计使用年限、年（月）折旧率及附属设备等情况。

（2）在固定资产使用过程中，发生了改建、扩建或技术改造，以及内部转移、停止使用等情形时，都应在卡片中做相应的记录。

（3）固定资产投资转出、出售或报废清理时，应根据有关凭证将卡片注销，另行保管。

4. 固定资产进项税额

增值税一般纳税人，其固定资产取得增值税专用发票(含税控机动车销售统一发票)、海关进口增值税专用缴款书、代扣代缴税款完税凭证的，除另有规定外，其进项税额按凭证上注明的增值税额，从销项税额中抵扣。

（1）外购的、用于生产经营的有形动产固定资产，其进项税额可以抵扣。

（2）购进应征消费税的汽车、摩托车、游艇自用，可以抵扣购进时的增值税进项税额。

（3）取得不动产或不动产在建工程的进项税额不再分两年抵扣。

【法规检索】

本业务可能涉及的法律法规见表 3.14。

表 3.14　　　　　　　　　　　　　本业务可能涉及的法律法规

法律法规名称	颁布、修订或施行时间
关于深化增值税改革有关事项的公告	2019-04-01
关于调整增值税税率的通知	2018-05-01
中华人民共和国增值税暂行条例	2017-11-19
中华人民共和国增值税暂行条例实施细则	2017-11-19
增值税会计处理规定	2016-12-03
关于全面推开营业税改征增值税试点的通知	2016-05-01
企业会计准则——基本准则	2014-07-23
企业会计准则第4号——固定资产	2007-01-01
企业会计准则第8号——资产减值	2007-01-01
企业会计准则应用指南	2007-01-01

业务22

【业务判断】

从"支出借款单"中可以得知，这是一笔职工临时借款业务。

【业务岗位】

本业务涉及的岗位有借支人、逐级审批领导、会计、财务主管、出纳等。

【业务处理】

（1）审核相关原始凭证。

（2）填制记账凭证。

（3）登记现金日记账。

（4）登记其他应收款明细账。

【业务指导】

1. 职工借款的范围

（1）因公出差需要借支的款项。

（2）零星采购所需的款项。

（3）经财会部门核准可周转使用的周转金、备用金。

（4）其他因业务需要必须预借现金的款项。

2. 职工借款的限额

（1）因公出差人员借款限额，按预计出差天数及标准核定：车船票、飞机票按预计金额借款；住宿费、补助费按每人每天100元借款；如有特殊原因需增加款项时，应在支出借款单上阐明理由。

（2）零星物资采购，按计划金额借款。

（3）周转金、备用金的限额，按财会部门核定的数额借款。

（4）其他借款应根据实际情况填写支出借款单，不得多借。

3. 职工临时借款业务工作流程

职工临时借款业务工作流程见图 3.11。

借款人填写支出借款单 → 逐级领导审批 → 会计审核 → 财务主管复核 → 出纳支付现金或开具现金支票

图 3.11　职工临时借款业务工作流程

4. 职工借款的归还期限

职工借款的归还实行逐笔结清的办法，已发生借款尚未结清的，一律不准再发生新的借款。

（1）出差借款自最后一天的住宿日期或回公司所在地的车船票日期算起，在 10 日内，到财会部门办理报销及还款手续。

（2）零星采购以购货发票日期为准，在 10 日内，到财会部门办理报销及还款手续。

【法规检索】

本业务可能涉及的法律法规见表 3.15。

表 3.15　　　　　　　　　　　本业务可能涉及的法律法规

法律法规名称	颁布、修订或施行时间
企业会计准则——基本准则	2014-07-23
企业会计准则应用指南	2007-01-01

业务23

【业务判断】

从"产品入库单"中可以得知，这是一笔产品入库业务。

【业务岗位】

本业务涉及的岗位有仓库保管员、相关责任人、会计等。

【业务处理】

（1）审核产品入库单。

（2）登记库存商品明细账。

【业务指导】

企业的产成品一般应按实际成本进行核算。按实际成本核算时，产成品的收入、发出和销售，平时只记数量不记金额。月度终了，计算入库产成品的实际成本。

【法规检索】

参见表 3.4。

业务24

【业务判断】

从"支票领用申请单"中可以得知，这是一笔提取现金业务。

【业务岗位】

本业务涉及的岗位有出纳、财务主管、总经理、会计等。

【业务处理】

（1）登记支票领用登记簿。

（2）填制现金支票。

（3）填制记账凭证。

（4）登记现金日记账。

（5）登记银行存款日记账。

【业务指导】

1. 提取现金工作流程

提取现金工作流程见图 3.12。

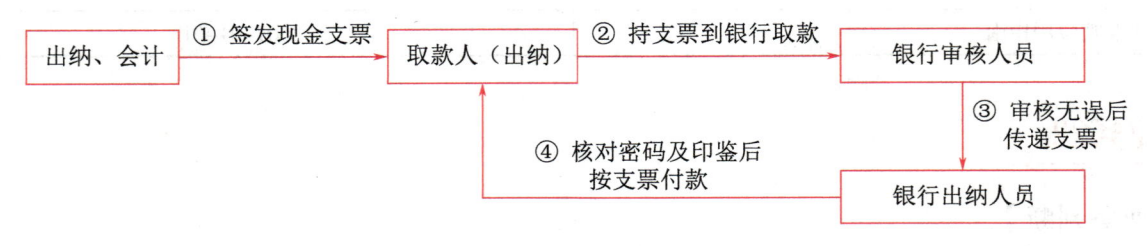

```
出纳、会计  ──① 签发现金支票──▶  取款人（出纳）  ──② 持支票到银行取款──▶  银行审核人员
                                      ▲                                            │
                                      │                                            ③ 审核无误后
                                      ④ 核对密码及印鉴后                            传递支票
                                      按支票付款                                     │
                                      └──────────────────────────────── 银行出纳人员 ◀┘
```

图 3.12 提取现金工作流程

2. 现金支票基本规定

（1）现金支票只能用于支取现金，不能用于转账，不得背书转让。

（2）企业从银行提取现金，由出纳按照有关规定签发现金支票，会同会计加盖预留银行印鉴。现金支票的填写方法与转账支票基本相同。现金支票背面要有背书，并加注取款人的身份证件号码及发证机关。

（3）用现金支票向外单位或个人支付款项时，由出纳签发现金支票，并加盖预留银行印鉴，注明收款人后将支票正联交收款人，收款人持现金支票到付款单位开户银行提取现金，并按银行的要求出具有关证明。

（4）签发的现金支票遗失，可以向银行申请挂失。挂失前已经支付的现金支票，银行不予受理。

3. 现金支票的填制要求

（1）"收款人"必须填写全称。

（2）收款单位或收款人凭现金支票从银行提取现金时，应在支票背面背书（签名，加盖预留银行印鉴），否则不予支取。

【法规检索】

本业务可能涉及的法律法规见表 3.16。

表 3.16　　　　　　　　　　　　本业务可能涉及的法律法规

法律法规名称	颁布、修订或施行时间
企业会计准则——基本准则	2014-07-23
票据管理实施办法	2011-01-08
企业会计准则应用指南	2007-01-01
支付结算办法	1997-12-01
中华人民共和国票据法	1996-01-01

业务25

【业务判断】

（1）从"支出报销单"和"工资结算汇总表"中可以得知，这是一笔工资发放业务。

（2）从"网上银行电子回单"中可以得知，本企业采取网上银行转账汇款方式支付职工薪酬。

（3）从"工资结算汇总表"中可以得知，本企业在发放职工工资的同时，代扣代缴职工个人负担的社会保险费、住房公积金及个人所得税。

【业务岗位】

本业务涉及的岗位有薪资核算员、逐级审批领导、会计、财务主管、出纳等。

【业务处理】

（1）审核原始凭证。

（2）填制记账凭证。

（3）登记应付职工薪酬明细账。

（4）登记应交税费——应交个人所得税明细账。

（5）登记银行存款日记账。

【业务指导】

1. 职工工资结算业务工作流程

职工工资结算业务工作流程见图 3.13。

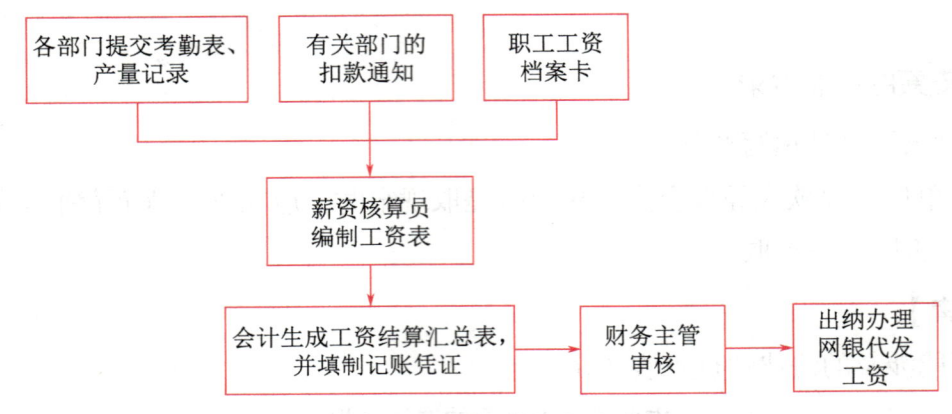

```
各部门提交考勤表、    有关部门的    职工工资
产量记录              扣款通知      档案卡
                ↓
          薪资核算员
          编制工资表
                ↓
  会计生成工资结算汇总表,  →  财务主管  →  出纳办理
  并填制记账凭证              审核          网银代发
                                            工资
```

图 3.13　职工工资结算业务工作流程

2. 工资总额

工资总额是指各企业在一定时期内直接支付给本单位全部职工的劳动报酬总额。工资总额由计时工资、计件工资、奖金、津贴与补贴、加班加点工资及特殊情况下支付的工资 6 个部分组成。

3. 职工工资的计算

根据职工的出勤、完成工作量、职务、职称、工龄、岗位工资及绩效工资等情况，计算每位职工的应付职工薪酬。

应付职工工资 = 岗位工资 + 绩效工资 + 津贴与补贴 + 特殊情况下支付的工资

实发工资 = 应付职工工资 − 代扣代缴款项

式中，代扣代缴款项主要有两个方面：一方面是职工个人应负担而由企业代扣代缴的费用，如社会保险、住房公积金及个人所得税等；另一方面是企业已先垫付而需在发放工资时收回的款项，如职工借款等。

4. 社会保险费

社会保险费是指由用人单位及其职工和个人缴纳的社会保险费，包括基本养老保险费、基本医疗保险费、工伤保险费、失业保险费和生育保险费。其中，用人单位须缴存基本养老保险基金、基本医疗保险基金、工伤保险基金、失业保险基金和生育保险基金；职工须缴存基本养老保险费、基本医疗保险费和失业保险费。

（1）基本养老保险。基本养老保险由基础养老金和个人账户养老金两部分组成。我国目前采用社会统筹与个人账户相结合方式。其中，企业社会统筹部分缴费比例为缴费工资基数的 16%，职工个人缴费费率为 8%。

（2）基本医疗保险。基本医疗保险由社会统筹使用的统筹基金和个人专项使用的个人账户基金组成。其中，企业社会统筹部分缴费比例为缴费工资基数的 10%，职工个人缴费费率为 2%。

（3）失业保险。失业保险的缴费比例是：单位按照缴费工资基数的 0.8% 缴纳，职工个人按照缴费工资基数的 0.2% 缴纳。

5. 住房公积金

住房公积金是职工按规定储存起来的专项用于住房消费支出的个人住房储金，由两部分组成，一部分由职工所在单位缴存，另一部分由职工个人缴存。职工个人缴存部分由单位代扣后，连同单位缴存部分一并缴存到住房公积金个人账户内。住房公积金由单位与职工分别按照上一年度职工个人月平均工资的5%～12%缴存。

6. 个人所得税

（1）征税对象为个人应税所得额。

（2）纳税义务人，其中：

① 居民纳税义务人：在中国境内有住所或无住所而在境内居住满1年的个人，从中国境内和境外取得的所得，应按规定缴纳个人所得税。

② 非居民纳税义务人：在中国境内无住所又不居住或无住所而在境内居住不满1年的个人，从中国境内取得的所得，应按规定缴纳个人所得税。

（3）征收范围：工资、薪金所得；个体工商户的生产、经营所得；企业、事业单位的承包经营、承租经营所得；劳务报酬所得；稿酬所得；特许权使用费所得；利息、股息、红利所得；财产租赁所得；财产转让所得；偶然所得；经国务院财政部门确定征税的其他所得。

（4）工资、薪金所得个人所得税税率。我国现行个人所得税法规定，个人所得税的费用扣除标准为5 000元/月；将工资、薪金所得，劳务报酬所得，稿酬所得和特许权使用费所得4项劳动性所得（简称综合所得，下同）纳入综合征税范围，适用统一的超额累进税率，以工资、薪金所得税率为基础，按年计算应纳税所得额。

（5）综合所得的基本减除费用标准，是指纳税人为维持基本生计而发生的支出，允许在税前扣除的固定额度。其包括两个方面：①个人基本养老保险、基本医疗保险、失业保险、住房公积金等专项扣除项目及依法确定的其他扣除项目；②子女教育支出、继续教育支出、大病医疗支出、住房贷款利息和住房租金等6个方面的专项附加扣除。

工资、薪金所得，适用七级超额累进税率（见表3.17），采用每月预扣预缴、次年统算多退少补的计算方法。

表3.17　　　　　个人所得税预扣表（适用居民个人工资、薪金所得预扣预缴）

级 数	累计预扣预缴应纳税所得额	预扣税率	速算扣除数
1	不超过36 000元的部分	3%	0
2	超过36 000元至144 000元的部分	10%	2 520
3	超过14 4000元至300 000元的部分	20%	16 920
4	超过300 000元至420 000元的部分	25%	31 920
5	超过420 000元至660 000元的部分	30%	52 920
6	超过660 000元至960 000元的部分	35%	85 920
7	超过960 000元的部分	45%	181 920

因此，个人所得税的计算公式如下：

本月应扣缴税额 =(本月累计应扣预缴纳税所得额 × 预扣税率 − 速算扣除数)−
累计减免税额 − 累计已预扣预缴税额

本月累计应扣预缴纳税所得额 = 累计收入 − 累计免税收入 − 累计减除费用 −
累计专项扣除 − 累计专项附加扣除 −
累计依法确定的其他扣除

式中，累计减除费用 =5 000 × 月份数

【法规检索】

本业务可能涉及的法律法规见表 3.18。

表 3.18　　　　　　　　　　　　本业务可能涉及的法律法规

法律法规名称	颁布、修订或施行时间
社会保险费征缴暂行条例	2019-03-24
住房公积金管理条例	2019-03-24
中华人民共和国个人所得税法	2019-01-01
企业会计准则——基本准则	2014-07-23
企业会计准则第9号——职工薪酬	2014-07-01
企业会计准则应用指南	2007-01-01

业务26

【业务判断】

从"处罚通告"中可以得知，这是一笔罚款收入业务。

【业务岗位】

本业务涉及的岗位有公司领导、当事人、会计、财务主管、出纳等。

【业务处理】

（1）开具收据。

（2）填制现金存款凭条。

（3）填制记账凭证。

（4）登记现金日记账。

（5）登记营业外收入明细账。

（6）登记银行存款日记账。

【业务指导】

营业外收入是指与生产经营过程无直接关系，应列入当期利润的收入。营业外收入主要包括债务重组利得、企业合并损益、盘盈利得、因债权人原因确实无法支付的应付款项、政府补助、教育费附加返还款、罚款收入、捐赠利得等。

属于企业营业外收入的款项应及时入账，不准留作小金库或其他不符合制度规定的开支。企业营业外收入的核算在"营业外收入"科目下进行，也可在该科目下按各种不同的收入设置明细科目进行明细核算。

【法规检索】

本业务可能涉及的法律法规见表3.19。

表3.19　　　　　　　　　　　本业务可能涉及的法律法规

法律法规名称	颁布、修订或施行时间
企业会计准则第14号——收入	2018-01-01
企业会计准则——基本准则	2014-07-23
企业会计准则应用指南	2007-01-01

业务27

【业务判断】

（1）从"开具发票通知单"、"销售发货单"和"产品出库单"中可以得知，这是一笔产品销售业务。

（2）从提供的单据中可以得知，缺少银行转账结算凭证，表明产品销售已经实现，但尚未收到款项。显然，这是一笔赊销业务。

因此，本业务可以描述为：12月28日，向北京市华辰商贸有限公司销售落地风扇。落地风扇已出库，货款尚未收到。

【业务岗位】

本业务涉及的岗位有销售员、仓库保管员、逐级审批领导、相关责任人、会计、财务主管等。

【业务处理】

（1）审核相关原始凭证。

（2）填制增值税专用发票。

（3）填制记账凭证。

（4）登记应收账款明细账。

（5）登记主营业务收入明细账。

（6）登记应交税费——应交增值税明细账。

【业务指导】

赊销业务工作流程见图3.14。

在图3.14中，赊销业务工作流程如下：

① 销售部门与购买方签订购销合同。

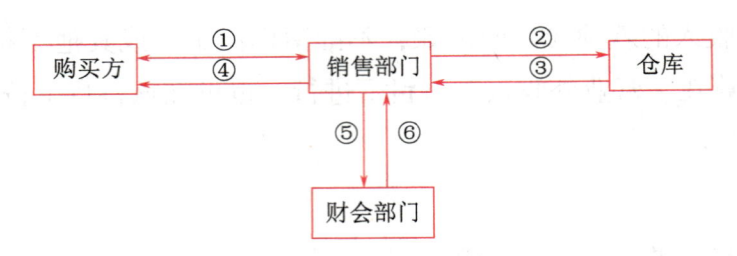

```
           ①
购买方 ←——→ 销售部门 ←——② 仓库
       ④              ③
              ⑤ ↓ ↑ ⑥
              财会部门
```

图 3.14　赊销业务工作流程

② 销售部门填写"销售发货单"并传递到仓库，通知仓库准备发货。

③ 仓库发货后，仓库保管员填制"产品出库单"。

④ 销售部门通知购买方收货。

⑤ 销售部门填写"开具发票通知单"，连同购销合同复印件、"销售发货单"和"产品出库单"一并交财会部门。

⑥ 财会部门收到销售业务单据后，开具增值税专用发票，并进行赊销业务处理。

【法规检索】

参见表 3.11。

业务28

【业务判断】

（1）从"支出报销单"和"税收电子缴款书"中可以得知，这是一笔缴纳社会保险费及个人所得税业务。

（2）从"支出报销单"和"住房公积金单位网上缴存电子回单"中可以得知，这是一笔缴存住房公积金业务。

【业务岗位】

本业务涉及的岗位有总经理、会计、财务主管、出纳等。

【业务处理】

（1）审核相关原始凭证。

（2）填制记账凭证。

（3）登记应付职工薪酬明细账。

（4）登记应交税费——应交个人所得税明细账。

（5）登记银行存款日记账。

【业务指导】

（1）自2020年11月起，各项社会保险费由税务部门统一征收。企业在办理登记注册时，同步办理社会保险登记。各地社会保险费缴纳时间不一，一般是每月的20日至25日之间正常扣缴职工本月的社保费用。

（2）单位应当向住房公积金管理中心办理住房公积金缴存登记，并为本单位职工办理住房公积金账户设立手续。每个职工只能有一个住房公积金账户。单位应当于每月发放职工工资之日起 5 日内将单位缴存的和为职工代缴的住房公积金汇缴到住房公积金专户内，由受委托银行计入职工住房公积金账户。

单位录用职工时，应当自录用之日起 30 日内向住房公积金管理中心办理缴存登记，并办理职工住房公积金账户的设立或转移手续；单位与职工终止劳动关系时，应当自劳动关系终止之日起 30 日内向住房公积金管理中心办理变更登记，并办理职工住房公积金账户转移或封存手续。

【法规检索】

本业务可能涉及的法律法规见表 3.20。

表 3.20　　　　　　　　　　　本业务可能涉及的法律法规

法律法规名称	颁布、修订或施行时间
关于企业社会保险费交由税务部门征收的公告	2020-11-01
社会保险费征缴暂行条例	2019-03-24
住房公积金管理条例	2019-03-24
中华人民共和国个人所得税法	2019-01-01
深化党和国家机构改革方案	2018-3-21
企业会计准则——基本准则	2014-07-23
企业会计准则第 9 号——职工薪酬	2014-07-01
企业会计准则应用指南	2007-01-01

业务29

【业务判断】

（1）从"财产清查报告表"中可以得知，这是一笔流动资产盘亏业务。

（2）从"材料盘亏（盈）处理通知"中可以得知，盘亏净损失列入营业外支出。

【业务岗位】

本业务涉及的岗位有仓库保管员、逐级审批领导、会计、财务主管等。

【业务处理】

（1）审核相关原始凭证。

（2）补充填写财产清查报告表。

（3）填制记账凭证。

（4）登记原材料明细账。

（5）登记待处理财产损溢——待处理流动资产损溢明细账。

（6）登记其他应收款明细账。

（7）登记营业外支出明细账。

（8）登记应交税费——应交增值税明细账。

【业务指导】

1. 财产清查盘点的有关规定

企业的财产物资应当定期清查盘点。盘盈的财产物资，按该物资的市价或同类、类似的市场价格，列入营业外收入；盘亏或毁损的物资，其相关的成本及不可抵扣的增值税进项税额，在减去过失人或保险公司等赔款和残料价值之后列入当期营业外支出。

2. 非正常损失与正常损失的界定

（1）非正常损失是指因管理不善造成货物被盗、丢失、霉烂变质，以及因违反法律法规造成货物或不动产被依法没收、销毁、拆除的情形。"非正常损失"在增值税处理上，应注意以下3点：

① 强调主观过错造成的损失。

② 两种损失的特定情形。

• 因管理不善原因（具有主观过错）造成的损失，仅限于货物被盗、丢失和霉烂变质的3种情况。

• 违反法律法规原因造成的损失，包括货物、不动产两类，以及被没收、销毁和拆除的3种情况。

③ 确认为非正常损失，在会计上做"进项税额转出"处理。

（2）"正常损失"是相对于"非正常损失"而言的，一般是指因客观因素造成的损失。例如，化学物品因气温升高引起的蒸发、自然灾害引起的损失等。"正常损失"在增值税处理上，应注意以下两点：

① 客观原因造成的、经营中的合理损失。

② 确认为正常损失，在会计上无须做"进项税额转出"处理。

【法规检索】

参见表3.5。

业务30

【业务判断】

（1）从"发料凭证汇总表"中可以得知，这是一笔本月材料领用汇总业务。

（2）从"共耗材料费用分配表"和"材料费用分配汇总表"中可以得知，本月材料费用按用途进行了分配汇总。

【业务岗位】

本业务涉及的岗位有仓库保管员、会计、财务主管等。

【业务处理】

（1）审核领料单。

（2）编制发料凭证汇总表。

（3）编制共耗材料费用分配表。

（4）编制材料费用分配汇总表。

（5）填制记账凭证。

（6）登记生产成本明细账。

（7）登记管理费用明细账。

（8）登记原材料明细账。

【业务指导】

1. 材料费用核算工作流程

在月末一次加权平均法下，材料费用核算工作流程见图 3.15。

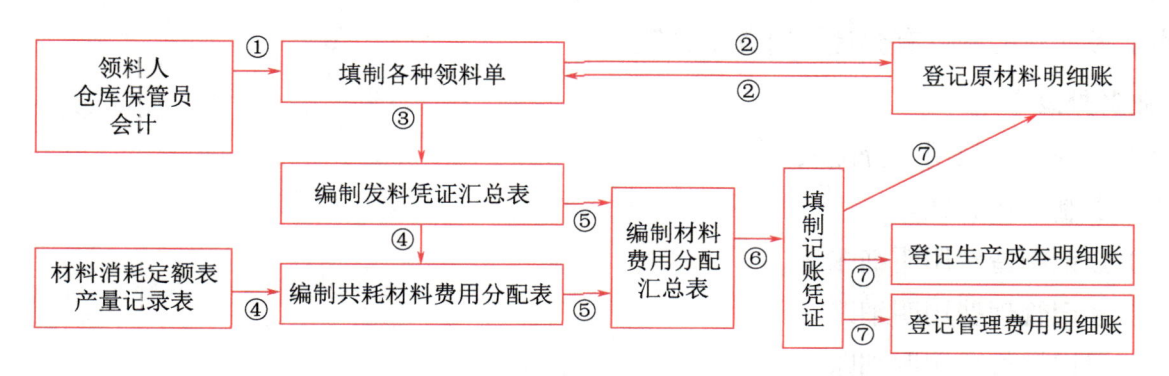

图 3.15　材料费用核算工作流程

在图 3.15 中，材料费用核算工作流程如下：

① 领料人到仓库领料时，先填制各种领料单。一般情况下，领料人填写请领数量，仓库保管员发料后再填写实发数量。

② 平时，会计根据领料单在原材料明细账中登记材料发出和结存的数量。

③ 月末，会计根据领料单编制发料凭证汇总表，汇总计算发出材料的单位成本和实际成本。

④ 会计将领料单与发料凭证汇总表核对无误后，根据材料消耗定额表、产量记录表和发料凭证汇总表编制共耗材料费用分配表。

⑤ 会计根据共耗材料费用分配表和发料凭证汇总表编制材料费用分配汇总表。

⑥ 根据材料费用分配汇总表及所附的共耗材料费用分配表、发料凭证汇总表和各种领料单，填制结转发出材料成本的记账凭证。

⑦ 根据记账凭证及所附的材料费用分配汇总表登记原材料明细账、生产成本明细账和管理费用明细账。

2. 生产成本明细账的登记方法

"生产成本"账户按车间和产品品种设置明细账。生产成本明细账采用合计式多栏明细账，在借方按成本项目开设"直接材料""直接人工""直接动力""制造费用"等专栏，分别登记材料费用、职工薪酬费用、动力费用、制造费用等内容。成本项目各专栏金额之和等于借方发生额。

【法规检索】

参见表3.4。

业务31

【业务判断】

从"各部门用水量记录"和"水费分配表"中可以得知，这是一笔本月水费分配业务。

【业务岗位】

本业务涉及的岗位有会计、财务主管等。

【业务处理】

（1）编制各部门用水分配表。

（2）填制记账凭证。

（3）登记制造费用明细账。

（4）登记管理费用明细账。

（5）登记销售费用明细账。

（6）登记预付账款明细账。

【业务指导】

分配外购水费时，应根据各部门用水量记录和水单价确定各部门应负担的水费，并编制各部门用水分配表。

$$某部门应负担的水费 = 该部门用水量 \times 自来水单价$$

【法规检索】

参见表3.9。

业务32

【业务判断】

从"各部门用电记录""电费分配表""共耗电费分配表"中可以得知，这是一笔本月电费分配业务。

【业务岗位】

本业务涉及的岗位有会计、财务主管等。

【业务处理】

（1）编制电费分配表。

（2）编制共耗电费分配表。

（3）填制记账凭证。

（4）登记生产成本明细账。

（5）登记制造费用明细账。

（6）登记管理费用明细账。

（7）登记销售费用明细账。

（8）登记预付账款明细账。

【业务指导】

当企业生产多种产品时，外购动力费用需要在各种产品（各成本核算对象）之间进行分配。外购动力费用的分配方法主要有生产工时比例法、机器工时比例法等。

【法规检索】

参见表3.9。

业务33

【业务判断】

从"工资费用分配表"中可以得知，这是一笔职工工资费用分配业务。

【业务岗位】

本业务涉及的岗位有会计、财务主管等。

【业务处理】

（1）编制工资费用分配表。

（2）填制记账凭证。

（3）登记生产成本明细账。

（4）登记制造费用明细账。

（5）登记管理费用明细账。

（6）登记销售费用明细账。

（7）登记应付职工薪酬明细账。

【业务指导】

企业应当在职工为其提供服务的会计期间，将实际发生的短期薪酬确认为负债，并计入当期损益，其他会计准则要求或允许计入资产成本的除外。

生产部门产品生产人员的工资，借记"生产成本"科目；车间管理人员的工资，借记"制造费用"科目；专设销售机构人员的工资，借记"销售费用"科目；管理部门人员的工资，借记"管理费用"科目。最后，根据应付工资总额贷记"应付职工薪酬——职工工资"科目。

【法规检索】

本业务可能涉及的法律法规见表 3.21。

表 3.21　　　　　　　　　　本业务可能涉及的法律法规

法律法规名称	颁布、修订或施行时间
企业会计准则——基本准则	2014-07-23
企业会计准则第 9 号——职工薪酬	2014-07-01
企业会计准则应用指南	2007-01-01

业务34

【业务判断】

从"单位负担的社会保险费和住房公积金分配表"中可以得知，这是一笔分配单位负担的社会保险费及住房公积金业务。

【业务岗位】

本业务涉及的岗位有会计、财务主管等。

【业务处理】

（1）编制单位负担的社会保险费和住房公积金分配表。

（2）填制记账凭证。

（3）登记生产成本明细账。

（4）登记制造费用明细账。

（5）登记销售费用明细账。

（6）登记管理费用明细账。

（7）登记应付职工薪酬明细账。

【业务指导】

1. 工伤保险与生育保险

（1）工伤保险。工伤保险又称职业伤害保险，是指劳动者在工作中或在规定的特殊情况下，遭受意外伤害或患职业病导致暂时或永久丧失劳动能力及死亡时，劳动者或其遗属从国家和社会获得物质帮助的一种社会保险制度。工伤保险主要由单位按照缴费工资基数的 0.5%～2% 缴纳。

（2）生育保险。生育保险是通过国家立法，在职业妇女因生育子女而暂时中断劳动时由国家和社会及时给予生活保障和物质帮助的一项社会保险制度。生育保险主要由单位按照缴费工资基数的 0.8% 缴纳。从 2020 年 1 月 1 日起，生育保险并入职工基本医疗保险，但原有两项保险缴费费率不调整，不增加用人单位和个人缴费的负担，即用人单位将按照原有的生育保险和职工基本医疗保险的缴费比例之和来缴费，生育保险个人无须缴费。

2. 费用的分配

企业为职工缴纳的基本养老保险、基本医疗保险、失业保险、工伤保险、生育保险等社会保险费，以及住房公积金，应当在职工为其提供服务的会计期间，根据规定的计提基础和计提比例计算确定相应的职工薪酬金额，并确认相应负债，计入当期损益或相关资产成本。

生产部门产品生产人员的社会保险费及住房公积金，借记"生产成本"科目；车间管理人员的社会保险费及住房公积金，借记"制造费用"科目；专设销售机构人员的社会保险费及住房公积金，借记"销售费用"科目；管理部门人员的社会保险费及住房公积金，借记"管理费用"科目。最后，根据计算总额贷记"应付职工薪酬——社会保险费（单位）、住房公积金（单位）"科目。

【法规检索】

本业务可能涉及的法律法规见表 3.22。

表 3.22　　　　　　　　　　　　　　本业务可能涉及的法律法规

法律法规名称	颁布、修订或施行时间
关于全面推进生育保险和职工基本医疗保险合并实施的意见	2019-03-25
社会保险费征缴暂行条例	2019-03-24
住房公积金管理条例	2019-03-24
企业会计准则——基本准则	2014-07-23
企业会计准则第 9 号——职工薪酬	2014-07-01
企业会计准则应用指南	2007-01-01

业务35

【业务判断】

从"工资附加费计提表"中可以得知，这是一笔计提工资附加费业务。

【业务岗位】

本业务涉及的岗位有会计、财务主管等。

【业务处理】

（1）编制工资附加费计提表。

（2）填制记账凭证。

（3）登记生产成本明细账。

（4）登记制造费用明细账。

（5）登记管理费用明细账。

（6）登记销售费用明细账。

（7）登记应付职工薪酬明细账。

【业务指导】

工资附加费是按照工资的一定比例，随同工资从成本、费用中提取的各种基金或经费，一般包括职工福利费、工会经费和职工教育经费 3 项，用于职工福利、工会活动、职工教育培训的支出。

现行企业所得税法规定，企业集体的职工福利费、工会经费和职工教育经费是根据实际发生的数字与工资总额的14%、2%和8%进行比较计算的。在实际发生或计提时，应根据实际发生额计入相关资产成本或当期损益，借记"生产成本""制造费用""管理费用""销售费用"等科目，贷记"应付职工薪酬——职工福利费、工会经费、职工教育经费"科目。

工资附加费通常据实列支，也就不存在余额的问题，但企业也可以先提后用。企业提取的工资附加费在会计年度终了经调整后应该没有余额，但这并不意味着不允许存在余额，在会计年度中间允许存在余额。例如，某月提取的金额超过当月实际支出金额，就存在余额了。因此，当期实际发生金额大于预计金额的，应当补提；当期实际发生金额小于预计金额的，应当红字冲回多提部分。

【法规检索】

本业务可能涉及的法律法规见表3.23。

表3.23　　　　　　　　　　本业务可能涉及的法律法规

法律法规名称	颁布、修订或施行时间
社会保险费征缴暂行条例	2019-03-24
关于企业职工教育经费税前扣除政策的通知	2018-01-01
企业会计准则——基本准则	2014-07-23
企业会计准则第9号——职工薪酬	2014-07-01
企业会计准则应用指南	2007-01-01

业务36

【业务判断】

从"固定资产折旧计算表"中可以看出，这是一笔计提固定资产折旧费业务。

【业务岗位】

本业务涉及的岗位有会计、财务主管等。

【业务处理】

（1）编制固定资产折旧计算表。

（2）填制记账凭证。

（3）登记制造费用明细账。

（4）登记管理费用明细账。

（5）登记销售费用明细账。

（6）登记累计折旧明细账。

【业务指导】

1. 年限平均法

企业应当自固定资产投入使用月份的次月起计算折旧。年限平均法又称直线法，是指按照固定资产的预计使用年限将固定资产的应计折旧额均衡地分摊到各期的一种方法。采用这种方法计算的每一期折旧额都是相等的。计算公式如下：

固定资产月折旧额＝固定资产原值×月折旧率

某部门某类固定资产月折旧额＝该部门该类固定资产原值×该类固定资产月分类折旧率

2. 固定资产折旧一次性扣除政策

企业在 2018 年 1 月 1 日至 2020 年 12 月 31 日期间新购进的设备、器具，单位价值不超过 500 万元的，允许一次性计入当期成本费用在计算应纳税所得额时扣除，不再分年度计提折旧。

固定资产一次性税前扣除政策仅仅是固定资产税前扣除的一种特殊方式，因此，其税前扣除的时点应与固定资产计算折旧的处理原则保持一致——固定资产在投入使用月份的次月所属年度一次性税前扣除。

企业在享受一次性税前扣除政策时，不需要会计上也同时采取与税收上相同的折旧方法。企业选择享受一次性税前扣除政策的，其资产的税务处理可与会计处理不一致。

企业根据自身生产经营核算需要，可自行选择享受一次性税前扣除政策。未选择享受一次性税前扣除政策的，以后年度不得再变更。以后年度不得再变更的规定是针对单个固定资产而言，单个固定资产未选择享受的，不影响其他固定资产选择享受一次性税前扣除政策。

3. 固定资产加速折旧优惠政策

现行固定资产加速折旧优惠政策主要有缩短折旧年限、采取加速折旧的方法等。由于技术进步、产品更新换代较快，或者常年处于强震动、高腐蚀状态的固定资产可以缩短折旧年限或采取加速折旧的方法。

（1）采取缩短折旧年限的企业，最低折旧年限不得低于以下规定折旧年限的 60%：

① 房屋、建筑物，为 20 年。

② 飞机、火车、轮船、机器、机械和其他生产设备，为 10 年。

③ 与生产经营活动有关的器具、工具、家具等，为 5 年。

④ 飞机、火车、轮船以外的运输工具，为 4 年。

⑤ 电子设备，为 3 年。

（2）采取加速折旧方法的企业，可以采用双倍余额递减法或年数总和法。

【法规检索】

本业务可能涉及的法律法规见表 3.24。

表 3.24　　　　　　　　　　　　　本业务可能涉及的法律法规

法律法规名称	颁布、修订或施行时间
关于扩大固定资产加速折旧优惠政策适用范围的公告	2019-04-23
中华人民共和国企业所得税法实施条例	2019-04-23
中华人民共和国企业所得税法	2018-12-29
关于设备、器具扣除有关企业所得税政策的通知	2018-05-07
企业会计准则——基本准则	2014-07-23
企业会计准则第 4 号——固定资产	2007-01-01
企业会计准则第 8 号——资产减值	2007-01-01
企业会计准则应用指南	2007-01-01

业务37

【业务判断】

从"制造费用分配表"中可以得知,这是一笔制造费用分配业务。

【业务岗位】

本业务涉及的岗位有会计、财务主管等。

【业务处理】

(1)编制制造费用分配表。

(2)填制记账凭证。

(3)登记生产成本明细账。

(4)登记制造费用明细账。

【业务指导】

制造费用明细账的登记方法如下:

(1)在分配制造费用之前,应先结出制造费用明细账的本月合计数,包括本月借方发生额合计、借方余额、借方金额分析栏各费用项目合计。

(2)根据转账凭证及所附的制造费用分配表,在明细账中登记日期、摘要、凭证号数及贷方发生额。

(3)制造费用分配后,月末无余额,因此,在"借或贷"栏填写"平"字,并在"余额"栏填写"0"。贷方发生额在登记"借方金额分析"栏各费用项目金额时,应用红字登记,表示与借方相反方向的贷方金额,反映对借方金额的结转。

【法规检索】

参见表 3.15。

业务38

【业务判断】

从"完工产品与月末在产品成本分配表"和"完工产品成本汇总表"中可以得知,这是一笔结转完工产品成本业务。

【业务岗位】

本业务涉及的岗位有会计、财务主管、仓库保管员等。

【业务处理】

(1)编制完工产品与月末在产品成本分配表。

(2)编制完工产品成本汇总表。

(3)补充填写产品入库单。

(4)填制记账凭证。

（5）登记库存商品明细账。

（6）登记生产成本明细账。

【业务指导】

1. 结转完工产品成本核算过程

产品成本计算根据企业生产类型特点及成本管理要求采用品种法。结转完工产品成本的核算过程见图3.16。

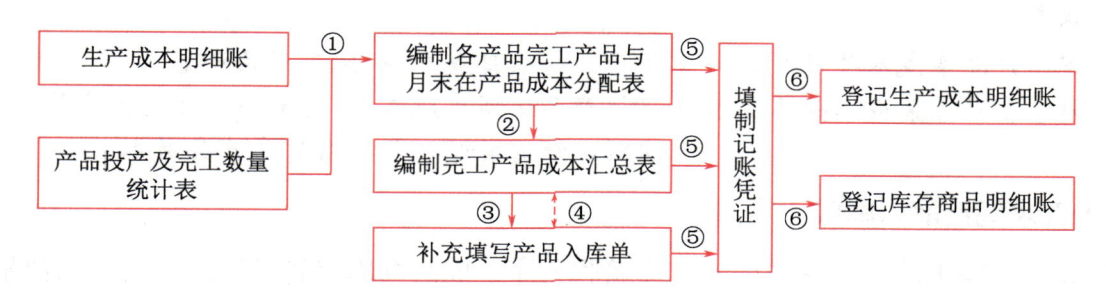

图 3.16　结转完工产品成本的核算过程

在图3.16中，结转完工产品成本的核算过程如下：

① 计算各种产品"生产成本明细账"的本月生产费用合计，然后根据"生产成本明细账"和"产品投产及完工数量统计表"的有关数据，编制台式风扇和落地风扇两种产品的"完工产品与月末在产品成本分配表"。

② 根据台式风扇和落地风扇两种产品的"完工产品与月末在产品成本分配表"，汇总编制"完工产品成本汇总表"。

③ 根据"完工产品成本汇总表"中的单位成本，填列本月各产品入库单单价，计算各产品入库成本。

④ 将全部入库单的金额相加，再与完工产品汇总表的总成本核对，出现尾差计入最后一张入库单中。

⑤ 根据台式风扇和落地风扇两种产品的"完工产品与月末在产品成本分配表""完工产品成本汇总表""产品入库单"提供的数据，填制记账凭证。

⑥ 根据转账凭证及所附的台式风扇和落地风扇两种产品的"完工产品与月末在产品成本分配表""完工产品成本汇总表""产品入库单"，登记"生产成本明细账""库存商品明细账"。

2. 编制完工产品与月末在产品成本分配表

① 计算各种产品"生产成本明细账"的本月生产费用合计。

② 根据"生产成本明细账"有关数据，在分配表中填列各成本项目的"月初在产品成本"和"本月生产费用"。

③ 将"月初在产品成本"与"本月生产费用"两栏金额进行合计，分别计算出各成本项目的合计金额。

④ 根据表2.10，填列"完工数量"。

⑤ 计算月末在产品约当产量。

⑥ 根据约当产量法计算原理，分别计算各成本项目的单位成本。

$$\text{单位产品某成本项目成本（费用分配率）} = \frac{\text{期初在产品该成本项目成本}+\text{本月发生该项目生产费用}}{\text{完工产品产量}+\text{月末在产品约当产量}}$$

⑦ 根据计算确定的单位成本，分别计算台式风扇和落地风扇两种产品的完工产品成本和月末在产品成本。

$$\text{完工产品某成本项目成本} = \text{单位产品该项目成本} \times \text{完工产品产量}$$

$$\text{月末在产品某成本项目成本} = \text{单位产品该项目成本} \times \text{月末在产品约当产量}$$

或者 $= \text{该项目费用累计} - \text{该项目完工产品成本}$

3. 补充填写产品入库单

生产部门将完工的产成品送成品仓库验收入库，成品仓库保管员清点核对产品数量，填制一式三联产品入库单，生产部门、成品仓库保管员双方签章，将产品入库单第一联留在仓库作为登记库存商品明细账的依据，第二联退给生产部门，第三联交财会部门记账。

（1）月末，会计将全部入库单数量相加，与"完工产品成本汇总表"核对。

（2）会计根据"完工产品成本汇总表"中的单位成本，填列本月各产品入库单单价，计算各产品入库成本（入库单中的金额）。

注意 应将全部入库单的金额相加，再与"完工产品成本汇总表"的总成本核对，出现尾差计入最后一张入库单中。

4. 登记生产成本明细账

（1）结转本月完工产品成本之前，应先结出台式风扇和落地风扇两种产品的"生产成本明细账"的本月生产费用合计数。

（2）由于"生产成本明细账"采用专用多栏式明细账，只有"借方发生额"栏和按规定成本项目开设的"直接材料""直接人工""直接动力""制造费用"等专栏，因此结转本月完工产品成本时，应在"借方发生额"栏及各成本项目中用红字登记。

【法规检索】

参见表3.4。

业务39

【业务判断】

从"已销产品生产成本计算表"中可以得知，这是一笔结转已销产品生产成本业务。

【业务岗位】

本业务涉及的岗位有会计、财务主管、仓库保管员等。

第3章　会计模拟实习指导

【业务处理】

（1）编制已销产品生产成本计算表。

（2）补充填写产品出库单。

（3）填制记账凭证。

（4）登记主营业务成本明细账。

（5）登记库存商品明细账。

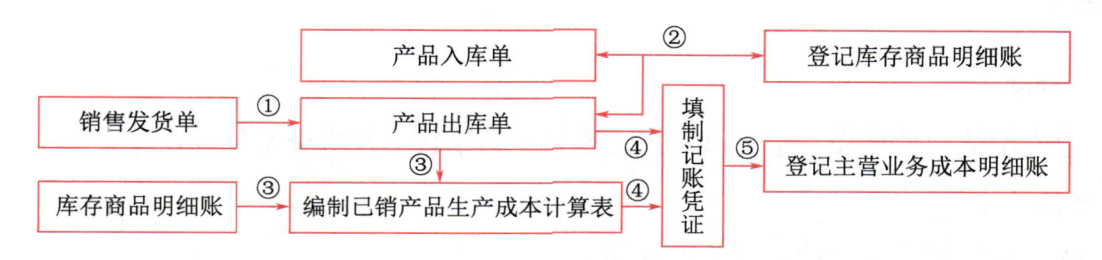

【业务指导】

1. 主营业务成本核算过程

主营业务成本核算过程见图3.17。

图3.17　主营业务成本核算过程

在图3.17中，主营业务成本核算过程如下：

① 当发出商品时，仓库保管员根据"销售发货单"填制"产品出库单"。

② 平时，会计根据产品出入库单登记库存商品明细账的收入、发出及结存的数量。月末，在"库存商品明细账"中登记完工入库产品成本及计算发出产品成本，并依据"库存商品明细账"补充填列产品出入库单的单价和金额。

③ 月末结转主营业务成本时，会计根据"库存商品明细账"和"产品出库单"编制"已销产品生产成本计算表"。

④ 根据"已销产品生产成本计算表"和"产品出库单"填制记账凭证。

⑤ 根据记账凭证登记"主营业务成本明细账"。

2. 发出库存商品加权平均单价计算

月末，会计根据"完工产品汇总表"和"产品入库单"金额，结出台式风扇和落地风扇两种产品"库存商品明细账"中收入的数量、单价和金额等的本月合计数。其中，单价根据"完工产品成本汇总表"中的单位成本确定，并确定发出产品的加权平均单价、发出商品成本、月末结存商品成本及单价。

$$某种发出产品加权平均单价 = \frac{月初结存产品实际成本 + 本月收入产品实际成本}{月初结存产品数量 + 本月收入产品数量}$$

本月发出商品实际成本 = 月末结存数量 × 商品加权平均单价

月末结存商品实际成本 = 月初结存商品实际成本 + 本月入库商品实际成本 −
　　　　　　　　　　　月末结存商品实际成本

本月发出商品单价＝本月发出商品实际成本÷发出商品数量

3. 补充填制产品出库单

首先根据"库存商品明细账"中的发出产品加权平均单价，填列本月各产品出库单中的单价，再用数量乘以单价计算出金额。

全部出库单的金额确定后，应将全部发出产品的金额相加，再与"库存商品明细账"中的发出总成本核对，出现尾差计入最后一张出库单中。

【法规检索】

参见表 3.4。

业务40

【业务判断】

从"应交增值税计算表"中可以得知，这是一笔结转本月未交增值税业务。

【业务岗位】

本业务涉及的岗位有会计、财务主管等。

【业务处理】

（1）编制应交增值税计算表。

（2）填制记账凭证。

（3）登记应交税费——应交增值税明细账。

（4）登记应交税费——未交增值税明细账。

【业务指导】

月末，在各个专栏全部登记入账后，比较借贷双方的本月发生额，确认借贷双方的差额是属于本月应交未交的增值税，还是多交的增值税，还是尚未抵扣的增值税。"应交增值税"明细账户如有余额，只能在借方，表示尚未抵扣的增值税。

为了核算一般纳税人在月终时当月应交未交的增值税或多交的增值税等情况，应在"应交税费"账户下设置"未交增值税"明细账户，见图 3.18。

借方	应交税费——未交增值税	贷方
自"应交增值税"明细账户转出的多交增值税；本月实际缴纳的以前月份尚未缴纳的增值税		自"应交增值税"明细账户转出的未交增值税
多交的增值税		未交的增值税

图 3.18 "应交税费——未交增值税"账户的核算结构

【法规检索】

本业务可能涉及的法律法规见表 3.25。

表 3.25　　　　　　　　　　本业务可能涉及的法律法规

法律法规名称	颁布、修订或施行时间
增值税会计处理规定	2016-12-03
企业会计准则——基本准则	2014-07-23
企业会计准则应用指南	2007-01-01

业务41

【业务判断】

从"应交城市维护建设税与教育费附加计算表"中可以得知，这是一笔计算应交城市维护建设税与教育费附加业务。

【业务岗位】

本业务涉及的岗位有会计、财务主管等。

【业务处理】

（1）编制应交城市维护建设税与教育费附加计算表。

（2）填制记账凭证。

（3）登记税金及附加明细账。

（4）登记应交税费明细账。

【业务指导】

1. 城市维护建设税

城市维护建设税是国家为了加强城市的维护与建设，扩大和稳定城市维护建设资金的来源而开设的一种附加税。城市维护建设税与其他税种不同，没有独立的征税对象或税基，而是以增值税和消费税"二税"实际缴纳的税额之和为计税依据，并随"二税"同时附征，本质上属于一种附加税。

一般来说，城镇规模越大，所需要的建设与维护资金越多。与此相适应，城市维护建设税规定，纳税人所在地为城市市区的，税率为7%；纳税人所在地为县城、建制镇的，税率为5%；纳税人所在地不在城市市区、县城或建制镇的，税率为1%。

2. 教育费附加

教育费附加是国家为了加强教育建设，扩大和稳定教育资金的来源而开设的一种附加费。它是以当月实际缴纳的增值税和消费税"二税"实际缴纳的税额之和为计税依据，按3%计提比例计算，并随"二税"同时附征。

【法规检索】

本业务可能涉及的法律法规见表 3.26。

表 3.26　　　　　　　　　　　　　　本业务可能涉及的法律法规

法律法规名称	颁布、修订或施行时间
中华人民共和国城市维护建设税法	2021-09-01
企业会计准则——基本准则	2014-07-23
征收教育费附加的暂行规定	2011-01-08
企业会计准则应用指南	2007-01-01

业务42

【业务判断】

从"坏账准备计提表"中可以得知，这是一笔计提坏账准备业务。

【业务岗位】

本业务涉及的岗位有会计、财务主管等。

【业务处理】

（1）编制坏账准备计提表。

（2）填制记账凭证。

（3）登记坏账准备明细账。

（4）登记信用减值损失明细账。

【业务指导】

1. 资产减值准备制度

企业应当建立各项资产损失或减值准备管理制度。各项资产损失或减值准备的计提标准，可以征询中介机构、有关专家的意见，但一经选用，不得随意变更。企业发生的资产损失，应当及时予以核实，查清责任，追偿损失，按照规定程序处理。

2. "应收款项"含义

这里的"应收款项"数额不是直接根据"应收账款"总账账户期末余额确定的，而是按编制资产负债表方法计算的应收账款数额确定的，即根据"应收账款""预收账款"等账户的明细账户借方余额加总计算。

3. 应收款项余额百分比法

应收款项余额百分比法，是按应收款项期末余额的一定百分比估计坏账损失的一种方法。

采用应收款项余额百分比法，是考虑坏账损失的发生与应收款项的余额直接相关，应收款项的余额越大，发生坏账的风险也越高。因此，可以根据期末应收款项的余额估计可能发生的坏账损失。

当期按应收款项计算应提取坏账准备金额 = 应收款项期末借方余额 × 坏账计提比例

当期应提取的坏账准备 = 当期按应收款项计算应提取坏账准备金额 −
"坏账准备"科目的贷方余额（或 + "坏账准备"科目的借方余额）

4. "坏账准备"账户的核算结构

在备抵法下，企业应设置"坏账准备"科目。该科目是应收账款、其他应收款的抵减调整科目，见图 3.19。

借方	坏账准备	贷方
实际发生的坏账损失数 本期应计提的金额小于其账面余额的差额		确定的应收款项发生的减值金额 已确认的并转销的应收款项以后又收回的，应按实际收回的金额予以转回
		企业已计提但尚未转销的坏账准备

图 3.19 "坏账准备"账户的核算结构

（1）本期应提取坏账准备大于"坏账准备"账户的账面余额，应按其差额提取坏账准备。
（2）本期应提取坏账准备小于"坏账准备"账户的账面余额，应按其差额冲减坏账准备。
（3）本期应提取坏账准备金额为0，应将"坏账准备"账户的余额全部冲回。

5. "信用减值损失"账户的核算结构

"信用减值损失"账户用来核算企业计提各项金融资产减值准备所形成的损失。"信用减值损失"账户的核算结构见图 3.20。

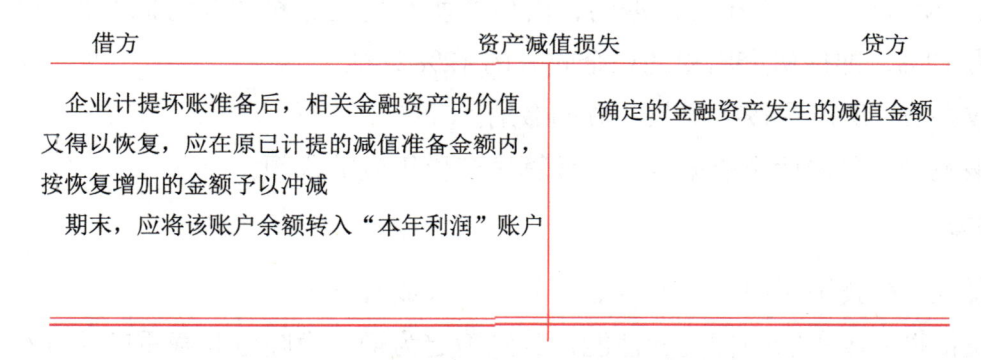

借方	资产减值损失	贷方
企业计提坏账准备后，相关金融资产的价值又得以恢复，应在原已计提的减值准备金额内，按恢复增加的金额予以冲减 期末，应将该账户余额转入"本年利润"账户		确定的金融资产发生的减值金额

图 3.20 "信用减值损失"账户的核算结构

【法规检索】

本业务可能涉及的法律法规见表 3.27。

表 3.27 本业务可能涉及的法律法规

法律法规名称	颁布、修订或施行时间
企业会计准则——基本准则	2014-07-23
企业会计准则应用指南	2007-01-01
企业会计准则第 22 号——金融工具确认和计量	2017-03-31

业务43

【业务判断】

从"应交房产税、车船税、土地使用税计算表"中可以得知,这是一笔计算本月应交房产税、车船税及土地使用税业务。

【业务岗位】

本业务涉及的岗位有会计、财务主管等。

【业务处理】

(1) 编制应交房产税、车船税、土地使用税计算表。

(2) 填制记账凭证。

(3) 登记税金及附加明细账。

(4) 登记应交税费明细账。

【业务指导】

1. 房产税

(1) 房产税的纳税人:在我国城市、县城、建制镇和工矿区内拥有房屋产权的单位和个人,具体包括产权所有人、经营管理单位、承典人、房产代管人或使用人。

(2) 房产税的征税对象:房产。

(3) 房产税的征税范围:城市、县城、建制镇和工矿区的房屋。

(4) 适用税率:从价计征的,税率为1.2%,即按房产原值一次减除10%~30%后的余值的1.2%计征;没有房产原值作为依据的,由房产所在地税务机关参考同类房产核定。从租计征的,税率为12%,即按房产出租的租金收入的12%计征。

(5) 征收办法:房产税按年征收、分期缴纳。

(6) 应纳税额:根据计税依据和税率计算房产税年应纳税额。

2. 车船税

(1) 纳税人:在我国境内,车辆、船舶的所有人或管理人。

(2) 计税依据:按车船的种类和性能,分别确定为辆、净吨位和载重吨位3种。

(3) 适用税率:采用定额税率。对应税车辆实行有幅度的定额税率,对船舶税额采取分类分级、全国统一的固定税额。

(4) 应纳税额:载货汽车的应纳税额 = 净吨位数 × 适用单位税额;除载货汽车以外的机动车和非机动车的应纳税额 = 车辆数 × 适用单位税额。

(5) 征收办法:使用之日或当月征收。

3. 城镇土地使用税

为了合理利用城镇土地,调节土地级差收入,提高土地使用效益,加强土地管理,在城市、县城、建制镇和工矿区范围内使用土地的单位和个人，应按规定缴纳城镇土地使用税。

（1）纳税人、征税对象和征税范围：拥有使用权的单位或个人缴纳；与所在地不同，代管人或实际使用人缴纳；产权不明的，实际使用人纳税；共有的，分别纳税。

（2）适用税率和应纳税额：城镇土地使用税以纳税人实际占用的土地面积为计税依据，依照规定按每平方米年税额计算征收，大城市 0.5～10 元；中等城市 0.4～8 元；小城市 0.3～6 元；县城、建制镇、工矿区 0.2～4 元。

【法规检索】

本业务可能涉及的法律法规见表 3.28。

表 3.28　　　　　　　　　　本业务可能涉及的法律法规

法律法规名称	颁布、修订或施行时间
中华人民共和国车船税法	2019-04-23
企业会计准则——基本准则	2014-07-23
企业会计准则应用指南	2007-01-01
中华人民共和国城镇土地使用税暂行条例	2007-01-01
中华人民共和国房产税暂行条例	1986-10-01

业务44

【业务判断】

这是一笔结转损益类账户发生额业务。

【业务岗位】

本业务涉及的岗位有会计、财务主管等。

【业务处理】

（1）填制记账凭证。

（2）登记主营业务收入明细账。

（3）登记营业外收入明细账。

（4）登记主营业务成本明细账。

（5）登记税金及附加明细账。

（6）登记销售费用明细账。

（7）登记管理费用明细账。

（8）登记营业外支出明细账。

（9）登记信用减值损失明细账。

（10）登记本年利润明细账。

【业务指导】

1. 净利润核算方式

净利润的核算一般有账结法和表结法两种方式。

（1）账结法，是企业于每月终了，将各损益类余额转入"本年利润"账户，通过"本年利润"账户计算出本月净利润（亏损）及本年累计净利润的方法。本案例采用此法。

（2）表结法，是企业每个月末结账时，不将各损益类账户的余额结转到"本年利润"账户，只需结出各损益类账户的本年累计余额，并将这些余额逐项填入"利润表"，通过"利润表"计算出从年初至本月末止的本年累计净利润，然后减去上月末"利润表"中的本年累计净利润，得出本月净利润或亏损。年度终了，才将各损益类账户的全年累计余额转入"本年利润"账户，转销各损益类账户的累计余额。

2. 结转损益类账户

由于各损益类账户明细账采用的都是设有借方、贷方、余额及借（或贷）方金额分析栏的多栏式明细账页，因此，月末结转损益类账户余额前，应先结出各损益类账户明细账的本月合计数，其中包括本月借方发生额合计和贷方发生额合计、借或贷方余额、本月借（或贷）方金额分析栏各明细项目合计，然后根据其余额填制结转各种损益类账户余额的转账凭证。

【法规检索】

参见表3.15。

业务45

【业务判断】

从"企业所得税计算表"中可以得知，这是一笔计算本月企业所得税业务。

【业务岗位】

本业务涉及的岗位有会计、财务主管。

【业务处理】

（1）编制企业所得税计算表。

（2）填制记账凭证。

（3）登记所得税费用明细账。

（4）登记应交税费——应交所得税明细账。

（5）登记本年利润明细账。

【业务指导】

企业所得税核算可以采用应付税款法与纳税影响会计法。

应付税款法是指对会计上计算出的利润总额与按税法规定计算出的纳税所得之间的差异造成的纳税影响额直接计入当期损益，而不递延到以后各期的一种方法。

采用应付税款法时，首先将利润总额调整为纳税所得额，再按纳税所得额和所得税税率计算出应交所得税。在调整计算纳税所得额时，只调整永久性差异，不调整暂时性差异。

在应付税款法下，本期所得税费用等于本期应交的所得税。

【法规检索】

本业务可能涉及的法律法规见表3.29。

表3.29　　　　　　　　　　　　本业务可能涉及的法律法规

法律法规名称	颁布、修订或施行时间
中华人民共和国企业所得税法	2018-12-29
企业会计准则——基本准则	2014-07-23
企业会计准则应用指南	2007-01-01
企业会计准则第18号——所得税	2007-01-01

业务46

【业务判断】

本业务是将本年利润余额转入利润分配——未分配利润业务。

【业务岗位】

本业务涉及的岗位有会计、财务主管等。

【业务处理】

（1）填制记账凭证。

（2）登记本年利润明细账。

（3）登记利润分配——未分配利润明细账。

【业务指导】

1. 全年实现的净利润

　　本月净利润 = 本月利润总额 − 所得税

　　全年实现的净利润 = 1–11月累计净利润 + 本月净利润

2. "利润分配"账户

"利润分配"账户下设有"提取法定盈余公积""应付现金股利""未分配利润"等明细账，用来核算企业提取的盈余公积金、对股东的利润分配及可供以后年度分配的累计利润（或亏损）等变动情况。

【法规检索】

参见表3.15。

业务47

【业务判断】

从"利润分配计算表"中可以得知，这是一笔利润分配业务。

【业务岗位】

本业务涉及的岗位有会计、财务主管等。

【业务处理】

（1）编制利润分配计算表。

（2）填制记账凭证。

（3）登记利润分配明细账。

（4）登记盈余公积明细账。

（5）登记应付股利明细账。

【业务指导】

企业净利润分配顺序如下：

（1）弥补以前年度亏损（指超过用所得税税前的利润抵补亏损的额度后，仍未补足的部分）。

（2）提取法定盈余公积。

（3）向投资者分配股利。

【法规检索】

本业务可能涉及的法律法规见表3.30。

表3.30　　　　　　　　　　**本业务可能涉及的法律法规**

法律法规名称	颁布、修订或施行时间
中华人民共和国公司法	2018-10-26
企业会计准则——基本准则	2014-07-23
企业会计准则应用指南	2007-01-01

业务48

【业务判断】

本业务是结转利润分配明细账户余额业务。

【业务岗位】

本业务涉及的岗位有会计、财务主管等。

【业务处理】

（1）填制记账凭证。

（2）登记利润分配明细账。

【业务指导】

年末，将"利润分配——提取盈余公积、应付股利"明细账户余额转入"利润分配——未分配利润"明细账户中，确定本年度未分配利润。

【法规检索】

参见表3.15。

3.3 登记与保管会计账簿

1. 登记T形账

登记T形账是编制科目汇总表的基础环节。记账凭证填制完成后,可按凭证中涉及的总账科目逐一开设T形账,把相同科目的借方、贷方发生额相应的登记到T形账中,待所有的凭证都登记完毕,再将每个T形账中的借贷方发生额汇总。

业务2记账凭证的会计分录是:

借:原材料——漆包铜线	251 000.00
应交税费——应交增值税(进项税额)	32 630.00
贷:其他货币资金——支付宝存款	283 630.00

本业务涉及"原材料""应交税费""其他货币资金"3个科目,可以对应开设这3个科目的T形账。在"原材料"的T形账的借方登记251 000.00,在"应交税费"的T形账的借方登记326 30.00,在"其他货币资金"的T形账的贷方登记283 630.00元。这样,业务2涉及的科目的T形账就登记完毕了,以此类推。

在所有凭证涉及的科目的T形账登记完毕后,需把每个账户的借、贷方发生额汇总出合计,依此编制科目汇总表。

2. 编制科目汇总表

企业登记总账可以根据记账凭证直接登记,也可以采用科目汇总表、汇总记账凭证等形式。将一定期间的全部记账凭证按照相同科目的借方和贷方归类,定期汇总每一个科目的借方本期发生额和贷方本期发生额填入固定的表格中,这样的表格称为科目汇总表。科目汇总表的编制期间由企业根据经营管理的需要确定,可以每旬或每月编制一次,见附表49。

科目汇总表的编制方法如下:

(1)确定科目汇总表的编制时间。

(2)将T形账中的各会计科目的名称登记在"科目名称"一列,同时将各科目的T形账借方、贷方发生额分别填入科目汇总表的相应项目中。

(3)"附件张数"处填上涉及凭证的起止号数。

(4)加计借、贷方发生额合计数并进行核对。如金额不相符,需重新查对,直至正确为止。注:金额一致并不能保证记账无差错。

3. 对账

为保证账证相符、账账相符和账实相符,各单位应当定期对会计账簿记录的有关数字与库存实物、货币资金、有价证券、往来单位或个人等进行相互核对。对账工作每年至少一次。

账证核对是检查原始凭证、记账凭证与账簿记录的会计科目、金额、借贷方向等项目是否相符。这种核对除在日常制单、记账过程中进行以外，每月终了，如果发现账证不符，应当进行账簿与会计凭证的检查核对，以确保账证相符。

账账核对是核对不同账簿之间的账簿记录是否相符。账实核对包括：库存现金日记账账面余额与库存现金实际库存数相核对；银行存款日记账账面余额定期与银行对账单相核对，一般通过编制银行存款余额调节表来完成，见附表50；各种财物明细账账面余额与财物实存数相核对；各种应收、应付明细账账面余额与有关债务、债权单位或个人核对等。

总账的核对可以通过编制总账账户试算平衡表进行。

对账流程见图3.21。

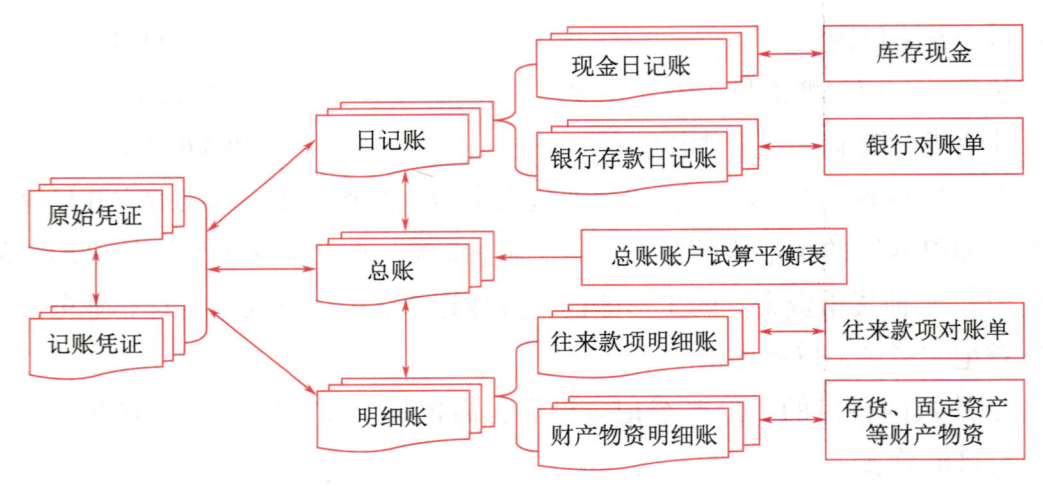

图 3.21 对账流程

4. 结账

结账是在本期内发生的经济业务全部登记入账的基础之上，对该期内的账簿记录进行小结，结算出本期发生额合计和期末余额。一般在会计期末，如月末、季末和年末，需要进行结账。此外，企业因撤销、合并等而办理账务交接时，也需要进行结账。

对于新的会计年度建账问题，一般来说，总账、日记账和多数明细账应每年更换一次，但财产物资和债权债务明细账由于材料品种、规格和往来单位较多，更换新账工作量较大，因此可以跨年使用，不必每年更换一次。各种备查簿也可以连续使用。

（1）需要进行月末、季末结账的账户的结账。以银行存款总账月末结账为例，操作步骤如下：

① 在银行存款总账最末一笔业务发生额下画一条通栏单红线。

② 在下一行的日期栏填写结账的日期，在"摘要"栏中填写"本期发生额合计及余额"，或"本月合计""本季合计"等，在借方、贷方金额栏中分别填写借方、贷方发生额合计，结出余额填在"余额"栏中。

③ 沿该行底线画一条通栏单红线。

（2）需年度结账的账户。年度结账应在确认年度会计核算结束后进行，年度结账后不得再记录当年的经济业务。年度终了，要把各账户的余额结转到下一会计年度，并在"摘要"栏中注明"结转下年"字样；在下一会计年度新建有关会计账簿的第一行"余额"栏中填写上年结转的余额，并在"摘要"栏中注明"上年结转"字样。以银行存款总账年度结账为例，操作步骤如下：

① 先进行 12 月份的月结，然后换行进行本年发生额合计，结出年末余额填入"余额"栏中，并沿该行底线画一条通栏双红线，表示年度记录结束。

② 将年末余额结转下年，即将年末借方余额填入下一行"贷方"栏中，并在"摘要"栏中注明"结转下年"，表示将余额从本年账簿中结转至下一年度；在"借或贷"栏中填上"平"，在"余额"栏中填写"0"。

（3）明细账结账工作因账户格式、账户用途的不同而不同。以销售费用明细账为例：销售费用月末不仅要进行月结，还要将其借方发生额结转至"本年利润"账户，两项工作往往结合起来做。由于销售费用明细账采用设有"借方、贷方、余额、借方金额分析"等专栏的多栏式明细账，其结账方法是：

① 在销售费用明细账本期最末一笔业务发生额（将借方发生额结转至"本年利润"账户之前）下画一条通栏单红线。

② 在下一行的日期栏填写结账的日期，在"摘要"栏中填写"本期发生额合计及余额"，或"本月合计""本季合计"等，在借方、贷方金额栏分别填写借方、贷方发生额合计，结出余额，同时将"借方金额分析"栏中的各项费用项目金额合计出来，然后，沿该行底线再画一条通栏单红线。这样，全月销售费用的发生额也计算出来了，为下一步结转至本年利润提供了金额。

③ 换行登记销售费用转入本年利润业务：用蓝或黑字填写日期、凭证号数、摘要，在贷方登记转出的金额，在"借或贷"栏中填写"平"，在"余额"栏中填写"0"；用红字在"借方金额分析"栏中登记所有各项转出的金额，表示与借方相反方向贷方的金额，最后在底线处画一红线。

5. 凭证的装订与保管

（1）凭证装订的操作步骤如下：

① 将记账凭证和原始凭证按要求整理整齐，不丢页。

② 准备好线绳、夹子、装订机等用具。

③ 把填写好的记账凭证封面放在整理好的记账凭证上。

④ 剪两个宽 4 厘米、长 10 厘米的较硬纸条（长、短视记账凭证的多少而定）按要求折好，放在记账凭证的封面左上角，见图 3.22。

⑤ 用装订机在硬纸条上打两个孔，见图 3.23。

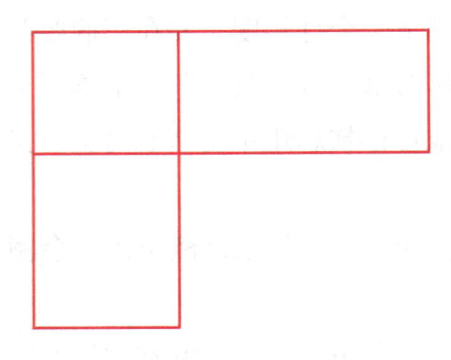

图 3.22　装订条

图 3.23　记账凭证封面

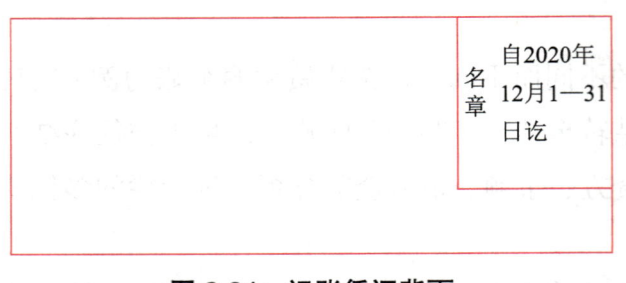

图 3.24　记账凭证背面

⑥ 用线装订好，在记账凭证的背面贴上封条，写上凭证所属期间，经手人签字见图 3.24。

（2）会计档案的管理。会计档案是指单位在进行会计核算过程中接收或形成的，记录和反映单位经济业务事项的，具有保存价值的文字、图表等各种形式的会计资料。会计档案一般包括纸质会计档案和电子会计档案。以下会计资料应纳入归档范围：

① 会计凭证：原始凭证、记账凭证。

② 会计账簿：总账、明细账、日记账、固定资产卡片、其他辅助性账簿。

③ 财务会计报告：月度、季度、半年度、年度财务会计报告。

④ 其他会计资料：银行存款余额调节表、银行对账单、纳税申报表、会计档案移交清册、会计档案保管清册、会计档案销毁清册、会计档案鉴定意见书、其他具有保存价值的会计资料。

单位可以利用计算机、网络通信等现代信息技术手段管理会计档案。

会计档案的保管期限分为永久和定期两类。定期保管期限分为 10 年和 30 年两类。会计档案的保管期限，从会计年度终了后的第一天算起。

3.4　编制财务报表

1. 资产负债表的编制方法

资产负债表（见附表 51）是反映企业在某一特定日期（如月末、季末、年末等）的财务状况的会计报表。

（1）填列表头项目。编制之前，应填列编制单位名称及编报日期。

（2）"年初余额"栏内各项数字。根据上年末资产负债表"期末余额"栏内所列数字填列。

（3）各项目"期末余额"栏填列方法。本表各项目"期末余额"栏是根据有关总账科目的期末余额和明细科目余额填列的。

① 根据总账科目余额直接填列的项目。资产负债表各项目"期末余额"栏主要是根据总账科目期末余额直接填列的。根据总账科目余额直接填列的项目有"交易性金融资产""工程物资""固定资产清理""短期借款""应付票据""应付职工薪酬""应付股利""应付利息""应交税费""其他应付款""实收资本""资本公积""盈余公积"等。其中，如果"固定资产清理"科目期末为贷方余额，"应付职工薪酬""应交税费"的等科目期末为借方余额，对应项目以"-"号填列。

② 根据总账科目余额计算填列的项目。根据若干个总账科目的期末余额计算填列的项目有"货币资金""存货""未分配利润""其他流动资产""其他长期资产""其他流动负债"等。

• "货币资金"项目。根据"库存现金""银行存款""其他货币资金"3个科目的期末余额合计填列。

• "存货"项目。根据"在途物资""原材料""周转材料""库存商品""委托加工物资""委托代销商品""生产成本"等科目的期末余额合计，减去"存货跌价准备"科目期末余额后的金额填列。材料采用计划成本核算，以及库存商品采用计划成本或售价核算的企业，应按加或减材料成本差异、商品进销差价后的金额填列。

• "未分配利润"项目。根据"本年利润"和"利润分配"科目的余额计算填列。未弥补的亏损，在本项目内以"-"号填列。

• "其他流动资产""其他长期资产""其他流动负债"项目。根据有关科目的期末余额填列。

③ 根据有关明细科目余额计算填列的项目。根据有关科目所属的相关明细科目的期末余额计算填列的项目有"应收账款""应付账款""预收账款""预付款项"等项目。

• "应收账款"项目。根据"应收账款"和"预收账款"科目所属各明细科目的期末借方余额合计，减去"坏账准备"科目中有关应收账款计提的坏账准备期末余额后的金额填列。如果"应收账款"科目所属明细科目期末有贷方余额，应在本表"预收款项"项目填列。

• "预付款项"项目。根据"预付账款"和"应付账款"科目所属各明细科目的期末借方余额合计数，减去"坏账准备"科目中有关预付款项计提的坏账准备期末余额后的金额填列。如"预付账款"科目所属有关明细科目期末有贷方余额的，应在本表"应付账款"项目内填列。

• "应付账款"项目。根据"应付账款"和"预付账款"科目所属各有关明细科目的期末贷方余额合计填列。如果"应付账款"科目所属各明细科目期末为借方余额，应在本表"预付款项"项目填列。

• "预收款项"项目。根据"预收账款"和"应收账款"科目所属明细科目的期末贷方余额合计填列。如果"预收账款"科目所属有关明细科目期末有借方余额,应在本表"应收账款"项目内填列。

④ 根据有关总账科目余额和明细科目余额计算分析填列的项目。根据有关总账科目余额和明细科目余额计算分析填列的项目主要有:

• "应收票据""应收利息""其他应收款"项目。根据它们各自科目的期末余额,减去"坏账准备"科目中它们各自计提的坏账准备期末余额后的金额填列。

• "长期借款""应付债券""长期应付款"等项目。根据它们各自科目的期末余额减去将于1年内到期的数额后的金额分析填列。

• "固定资产""长期股权投资""在建工程""无形资产""商誉"等项目。根据它们各自有关科目的期末余额减去它们各自有关减值准备科目期末余额后的净额填列。其中"固定资产""无形资产"项目还应分别减去相关"累计折旧""累计摊销"科目的期末余额。

说明 在填列上述非流动资产项目时,还应扣除1年内到期的金额。

⑤ 依据表内相关项目计算填列的项目:

• 计算流动资产和非流动资产等项目合计数。

• 计算流动负债、非流动负债、负债、所有者权益(或股东权益)、负债和所有者权益(或股东权益)等项目合计数。

• 计算资产合计与负债和所有者权益(或股东权益)总计。

• 检查报表项目间的钩稽关系。资产合计与负债和所有者权益(或股东权益)总计是否相等。

资产负债表编制完毕,在报表下部,制表人、审核人、财务主管签章,并在表头编制单位处加盖单位公章。

2. 利润表的编制方法

利润表(见附表52)是反映企业在一定会计期间的经营成果的会计报表。

(1)"本月金额"栏,反映各项目的本期实际发生数,根据损益类科目的本期发生额分析填列。

(2)"上期金额"栏,根据上期利润表"本期金额"栏所列数字填列。

(3)各项目的填列方法。

① 根据各损益类总账科目发生额分析填列的项目。利润表中各收入、费用类项目大多是根据各损益类总账科目的发生额直接填列,如"税金及附加""销售费用""管理费用""财务费用""资产减值损失""投资收益""营业外收入""营业外支出""所得税费用"等项目,分别根据其相应的损益类总账科目发生额分析填列。

"投资收益"科目的发生额如果为投资损失,则"投资收益"项目以"-"号填列。

"营业收入"项目，根据"主营业务收入"和"其他业务收入"科目的发生额合计分析填列。

"营业成本"项目，根据"主营业务成本"和"其他业务成本"科目的发生额合计分析填列。

② 依据表内相关项目计算填列的项目。

- "营业利润"项目：

$$营业利润＝营业收入－营业成本－税金及附加－销售费用－管理费用－财务费用－资产减值损失±投资收益（损失）$$

如果为亏损，则以"-"号填列。

- "利润总额"项目：

$$利润总额＝营业利润＋营业外收入－营业外支出$$

如果为亏损总额，则以"-"号填列。

- "净利润"项目：

$$净利润＝利润总额－所得税费用$$

如果为净亏损，则以"-"号填列。

（3）"基本每股收益"和"稀释每股收益"项目，根据每股收益准则和规定的金额填列。

3. 财务报表的装订

（1）装订流程见图3.25。

（2）在报表封面应注明企业名称、地址、开业年份、报表所属年度、月份、送出日期等，并由企业领导、总会计师（或代行总会计师职权的人员）和会计主管人员签名或盖章，并加盖单位公章。

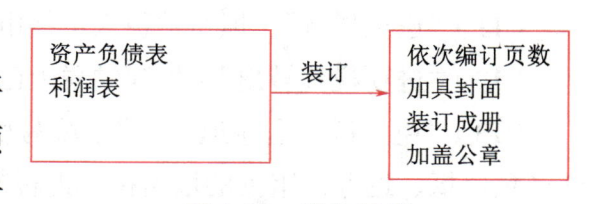

图 3.25　装订流程

资产负债表、利润表 → 装订 → 依次编订页数　加具封面　装订成册　加盖公章

3.5　编制增值税纳税申报表（适用于增值税一般纳税人）

本申报表（见附表53）适用于增值税一般纳税人填报。增值税一般纳税人按简易办法依照6%征收率缴纳增值税的货物，也使用本表。

（1）"一般项目"列：填写除享受增值税即征即退政策以外的货物、劳务和服务、不动产、无形资产的征（免）税数据。

（2）"即征即退项目"列：填写纳税人按规定享受增值税即征即退政策的货物、劳务和服务、不动产、无形资产的征（退）税数据。

（3）"（一）按适用税率计税销售额"：填写纳税人本期按一般计税方法计算缴纳增值税的销售额，包含：在财务上不作销售但按税法规定应缴纳增值税的视同销售和价外费用的销售额；

外贸企业作价销售进料加工复出口货物的销售额；税务、财政、审计部门检查后按一般计税方法计算调整的销售额。

（4）"其中：应税货物销售额"：填写纳税人本期按适用税率计算增值税的应税货物的销售额，包含在财务上不作销售但按税法规定应缴纳增值税的视同销售货物和价外费用销售额，以及外贸企业作价销售进料加工复出口货物的销售额。

（5）"应税劳务销售额"：填写纳税人本期按适用税率计算增值税的应税劳务的销售额。

（6）"纳税检查调整的销售额"：填写纳税人因税务、财政、审计部门检查，并按一般计税方法在本期计算调整的销售额。但享受增值税即征即退政策的货物、劳务和服务、不动产、无形资产，经纳税检查属于偷税的，不填入"即征即退项目"列，而应填入"一般项目"列。

（7）"免、抵、退办法出口销售额"：填写纳税人本期适用免、抵、退税办法的出口货物、劳务和服务、无形资产的销售额。

（8）"免税销售额"：填写纳税人本期按照税法规定免征增值税的销售额和适用零税率的销售额，但零税率的销售额中不包括适用免、抵、退税办法的销售额。

（9）"免税劳务销售额"：填写纳税人本期按照税法规定免征增值税的劳务销售额及适用零税率的劳务销售额，但零税率的销售额中不包括适用免、抵、退税办法的劳务的销售额。

（10）"销项税额"：填写纳税人本期按一般计税方法计税的货物、劳务和服务、不动产、无形资产的销项税额。

（11）"进项税额"：填写纳税人本期申报抵扣的进项税额。

（12）"进项税额转出"：填写纳税人已经抵扣，但按税法规定本期应转出的进项税额。

（13）"免、抵、退应退税额"：填写税务机关退税部门按照出口货物、劳务和服务、无形资产免、抵、退办法审批的增值税应退税额。

（14）"应抵扣税额合计"：填写纳税人本期应抵扣进项税额的合计数。按表中所列公式计算填写。

（15）"应纳税额"：反映纳税人本期按一般计税方法计算并应缴纳的增值税额。

（16）"应纳税额减征额"：填写纳税人本期按照税法规定减征的增值税应纳税额。包含按照规定可在增值税应纳税额中全额抵减的增值税税控系统专用设备费用及技术维护费。

（17）"应纳税额合计"：反映纳税人本期应缴增值税的合计数。按表中所列公式计算填写。

（18）"期初未缴税额（多缴为负数）"："本月数"按上一税款所属期申报表"期末未缴税额（多缴为负数）""本月数"填写。"本年累计"按上年度最后一个税款所属期申报表"期末未缴税额（多缴为负数）""本年累计"填写。

（19）"本期已缴税额"：反映纳税人本期实际缴纳的增值税额，但不包括本期入库的查补税款。按表中所列公式计算填写。

（20）"期末未缴税额（多缴为负数）"："本月数"反映纳税人本期期末应缴未缴的增值税

额，但不包括纳税检查应缴未缴的税额。按表中所列公式计算填写。"本年累计"与"本月数"相同。

（21）"本期应补（退）税额"：反映纳税人本期应纳税额中应补缴或应退回的数额。按表中所列公式计算填写。

3.6 主要财务指标分析

指标分析是指同一期财务报表上的相关项目的数据互相比较，求出它们间的比率，以说明财务报表上所列项目与项目之间的关系，从而揭示企业的财务状况。这是财务分析的核心。

主要财务指标体系分为三大类：偿债能力指标、营运能力指标和盈利能力指标，见附表54。

1. 偿债能力分析

（1）流动比率。流动比率表示每元流动负债有多少元流动资产作为偿付担保。其公式为：

$$流动比率 = 流动资产 \div 流动负债$$

它不仅表示短期债权人债权的安全程度，而且反映了企业运营资本的能力。一般认为，流动比率为2∶1对于企业是比较合适的。

（2）速动比率。它是指企业速动资产与流动负债的比率。其中，速动资产包括货币资金、短期投资、应收票据、应收账款、其他应收款等流动资产，存货、预付款项、待摊费用等则不应计入。这一比率用以衡量企业流动资产中可以立即用于偿付流动负债的能力。其公式为：

$$速动比率 = （流动资产 - 存货 - 待摊费用）\div 流动负债$$

速动比率可用作流动比率的辅助指标。有时企业流动比率虽然较高，但流动资产中易于变现、可用于立即支付的资产很少，则企业的短期偿债能力并不强。一般认为，速动比率1∶1较为合适。它表明企业的每一元短期负债，都有一元易于变现的资产作为抵偿。

（3）资产负债率。资产负债率表明企业资产总额中，债权人提供资金所占的比重，以及企业资产对债权人权益的保障程度。这一比率越小，表明企业的偿债能力越强。其公式为：

$$资产负债率 = 负债总额 \div 资产总额$$

（4）产权比率。产权比率反映企业所有者权益对债权人权益的保障程度。其公式为：

$$产权比率 = 负债总额 \div 所有者权益$$

这一比率越低，表明企业的长期偿债能力越强，债权人权益的保障程度越高，承担的风险越小，但企业不能充分地发挥负债的财务杠杆效应。

2. 营运能力指标分析

（1）应收账款周转率。它是反映应收账款周转速度的指标。其公式为：

$$应收账款周转率（次数）= 赊销收入净额 \div 应收账款平均余额$$

式中，

赊销收入净额 = 销售收入 - 现销收入 - 销售折扣与折让

应收账款平均余额 =（期初应收账款 + 期末应收账款）÷ 2

应收账款周转天数 = 计算期天数 ÷ 应收账款周转次数

应收账款周转率反映了企业应收账款变现速度的快慢及管理效率的高低，周转率越高，反映收账越迅速，偿债能力越强，从而可以最大限度地减少坏账损失，相对增加企业流动资产的投资收益。

（2）存货周转率。存货周转率是反映企业销售能力和流动资产流动性的一个综合性指标，也是衡量企业生产经营各环节中存货运营效率的一个综合性指标。其公式为：

存货周转率（次数）= 销货成本 ÷ 存货平均余额

存货平均余额 =（期初存货 + 期末存货）÷ 2

存货周转期（天数）= 计算期天数 ÷ 存货周转次数

一般来讲，存货周转率越高越好。存货周转率越高，表明其变现的速度越快，周转额越大，资金占用水平越低。

3. 盈利能力分析

（1）销售利润率。其公式为：

销售利润率 = 利润总额 ÷ 销售收入净额

该指标越高，表明企业为社会创造新价值越多，贡献越大，也反映企业在增产的同时多创造了利润，实现了增产增收。

（2）资本保值增值率。它是指所有者权益的期末总额与期初总额的比值。其公式为：

资本保值增值率 = 期末所有者权益总额 ÷ 期初所有者权益总额

该指标如果大于1，则说明所有者权益增加；如果小于1，则意味着所有者权益遭受损失。

附 录
业务单据及指导

（单据可裁下作为原始凭证，装订成册）

【业务1】

附表1.1

领 料 单

仓库：材料库　　　　　　2020年12月1日　　　　　　编号：L1201

编号	类别	材料名称	规格	单位	数量		实际成本	
					请领	实发	单价	金额
		冷板钢材		千克	20000	20000		
用途		生产车间生产风扇		领料部门		发料部门		
				负责人	领料人	核准人	发料人	
				李立	刘斌	陈达	周红	

第三联　记账联

附表1.2

领 料 单

仓库：材料库　　　　　　2020年12月1日　　　　　　编号：L1202

编号	类别	材料名称	规格	单位	数量		实际成本	
					请领	实发	单价	金额
		漆包铜线		千克	15000	15000		
用途		生产车间生产风扇		领料部门		发料部门		
				负责人	领料人	核准人	发料人	
				李立	刘斌	陈达	周红	

第三联　记账联

领料单是记录材料发出领用的一种内部自制原始凭证,一般分为一次领料单和限额领料单两种。

领料部门(领料人)到仓库领料时,需填制一式多联的领料单,一般情况下需填明领料日期、仓库、材料名称、单位、请领数、用途等信息,仓库保管员发料后再填写实发数量,双方人员签字后,一联留存仓库作为登记材料保管账的依据,一联退给领用部门(领料人),一联交财会部门据以入账。

领料单的相关知识可参见附表1.1的背面。

业务1实习结果

【业务2】

　　附表2.1

<h3 style="text-align:center">支出报销单</h3>

申请部门：采购部　　　　2020 年 12 月 3 日　　　　附单据　3　张

经手人	李星		电话		员工号	
报销性质	现金（　）	银行转账（✓）	支出性质	□日常管理 ☑生产 □研发 □市场推广		
领款方式	现金（　）　工资卡（　）		卡号			
结算方式	支付宝转账汇款					
供应商全称	石家庄市德利通商贸有限公司		供应商开户银行及账号	中国工商银行石家庄市安阳支行 0102003180014601285		
款项用途	购买漆包铜线					
报销金额	（大写）贰拾捌万叁仟陆佰叁拾元整			（小写）¥283630.00		

批准人：李东生　　审核人：陈月红　　稽核人：王友林　　出纳：万敏　　经手人：李星 12.3

　　附表2.2

<h3 style="text-align:center">河北增值税专用发票</h3>

1300209130　　　　　　　　　　　　　　No 01624146　　　　1300209130
　　　　　　　　　　　　　　　　　　　　　　　　　　　　　　01624146
校验码 02116 30441 78610 71136　　　　　　　　　　开票日期：2020年12月03日

购买方	名　　称：	北京市蓝梦电器有限公司	密码区	+1*3-61/-32<0<9-*04+5*808-1 00*71/39--0112>1225/6-2*121 +8*48+5-26<310/52//5<3-*0 02713>452*68+3**1*><25-09/1
	纳税人识别号：	911100410262823368		
	地址、电话：	北京市创新示范区林萃路12号010-62201512		
	开户行及账号：	中国工商银行北京市林萃路支行0200102108808103625		

货物或应税劳务、服务名称	规格型号	单位	数量	单价	金额	税率	税额
*电线电缆*漆包铜线		千克	10000	25.1000	251000.00	13%	32630.00
合计					¥251000.00		¥32630.00

价税合计（大写）	⊗ 贰拾捌万叁仟陆佰叁拾圆整	（小写）¥283630.00

销售方	名　　称：	石家庄市德利通商贸有限公司	备注	
	纳税人识别号：	911300680276923547		
	地址、电话：	石家庄市安阳路3号0310-63327873		
	开户行及账号：	中国工商银行石家庄市安阳支行0102003180014601285		

收款人：朱清清　　复核：张丽萍　　开票人：林萍　　销售方：（章）

在日常工作中，因为临时事件的发生，员工经常会自己垫付工作所需要的各项费用。发生费用时，经办人员可以填写支出报销单进行报销。支出报销单为自制原始凭证，其格式可根据本单位经济管理需要自行设计。审核支出报销单的关键点如下：

① 时间、人物、部门等要素是否填写清楚。
② 摘要等事项是否填写明确，是否模棱两可。
③ 是否附有收据或发票。
④ 是否为经办人本人填写并签字。
⑤ 是否折叠、弄污。

① 增值税专用发票是由国家税务总局监制设计印制的，只限于增值税一般纳税人领购使用，既是反映纳税人经济活动的重要会计凭证，又是兼记销售方纳税义务和购买方进项税额的合法证明。

② 增值税专用发票一般为三联：第一联为记账联，是销售方的记账凭证，即销售方作为销售货物的原始凭证，票面上的"税额"指的是"销项税额"，"金额"指的是销售货物的"不含税金额"；第二联为抵扣联，是购买方的扣税凭证；第三联为发票联，是购买方的记账凭证。

③ 增值税专用发票抵扣联是用来做发票认证的——通过对密码区的密码进行解密，还原发票的真实业务，并能与发票开具方报出的防伪税控信息进行比对，确认发票的真伪。通俗地讲，增值税发票抵扣联的意思就是：作为购买货物支付的增值税的凭证，表明你可以用来抵扣的进项税额。

附表2.3

河北增值税专用发票 No 01624146

1300209130　　　　　　　　　　　　　　　　　　　　　　　1300209130
　　　　　　　　　　　　　　　　　　　　　　　　　　　　　01624146
校验码 02116 30441 78610 71136　　　　　　　开票日期：2020年12月03日

购买方	名　称：	北京市蓝梦电器有限公司	密码区	+1*3-61/-32<0<9-*04+5*808-1 00*71/39--0112>1225/6-2*121 +8*48+5-26+<310/52//5<3-*0 02713>452*68+3**1*><25-09/1
	纳税人识别号：	911100410262823368		
	地　址、电话：	北京市创新示范区林萃路12号010-62201512		
	开户行及账号：	中国工商银行北京市林萃路支行0200102108808103625		

货物或应税劳务、服务名称	规格型号	单位	数量	单价	金额	税率	税额
*电线电缆*漆包铜线		千克	10000	25.1000	251000.00	13%	32630.00
合计					¥251000.00		¥32630.00

价税合计（大写）	⊗ 贰拾捌万叁仟陆佰叁拾圆整	（小写）¥283630.00

销售方	名　称：	石家庄市德利通商贸有限公司	备注	
	纳税人识别号：	9113006802769235470		
	地　址、电话：	石家庄市安阳路3号0310-63327873		
	开户行及账号：	中国工商银行石家庄市安阳支行0102003180014601285		

收款人：朱清清　　　复核：张丽萍　　　开票人：林萍　　　销售方：（章）

附表2.4

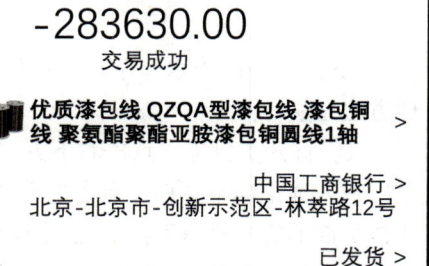

德利通
-283630.00
交易成功

优质漆包线 QZQA型漆包线 漆包铜线 聚氨酯聚酯亚胺漆包铜圆线1轴 >

付款方式　　　　中国工商银行 >
收货地址　　　　北京-北京市-创新示范区-林萃路12号
物流信息　　　　　　　　已发货 >
创建时间　　　　2020-11-27-09:45
订单号　　　　　20201127220011966651414602767
商家订单号　　　T200P13703264652466999813

增值税专用发票的主要栏目说明如下：

① 发票代码。发票代码为 10 位阿拉伯数字，从左到右排列，顺序为：第 1～4 位为行政区域代码；第 5、6 位为发票制版年份；第 7 位为印制批次；第 8 位为版本的语言文字，其中"1"表示中文；第 9 位为几联版发票；第 10 位为发票金额版本号，其中"0"表示电脑版发票。

② 发票号码。发票号码为 8 位。在查询发票真伪时，发票号码则由"信息码 + 发票号码"或"发票代码 + 发票号码"组成。

③ 二维码。用手机扫一扫，可以查询该发票的发票代码、发票号码、开具时间、金额等信息。

④ 开票日期。开票日期由防伪税控开票系统自动生成（日、月为 1～9 的前面加 0）。

⑤ 密码区。密码 4 行，每行 27 位，共 108 位，是防伪税控开票系统将发票上的主要信息（包括发票代码、发票号码、开票日期、双方的税号、金额和税额 7 项）加密形成的。

支付宝中的流水账单是自动生成的，生成的流水账单可以打印出来。其打印方法是：

① 打开支付宝，点击右下方"我的"进入个人信息页面，然后点击"总资产"进入详细信息页面，点击进入"资产证明"页面（不同操作系统的手机，进入该页面的方式稍有不同），点击申请"余额收支明细"的账单。

② 在申请页面，选择资金流水的时间范围，输入接收支付宝流水文件的邮箱，验证通过后，邮箱就会收到支付宝发送的流水邮件。把邮件中的附件下载下来，就可以打印出支付宝流水账单了。

附表2.5

收 料 单

发票号码：01624146
销 售 方：石家庄市德利通商贸有限公司
材料类别：主要材料　　　　　　2020年12月3日
收料单编号：S00011007
收料仓库：12货位

编号	名称	规格	单位	数量		实际成本					备注
				应收	实收	买价		运杂费	其他	合计	
						单价	金额				
	漆包铜线		千克	10000	10000						

第三联　记账联

主管：陈达　　采购员：袁飞　　检验员：王峰　　记账员：　　仓库保管员：周红

【业务3】

附表3.1

支出报销单

申请部门：办公室　　　　2020年12月4日　　　　附单据 4 张

经手人	王薇		电话		员工号	
报销性质	现金（ ） 银行转账（✓）		支出性质	☑日常管理 □生产 □研发 □市场推广		
领款方式	现金（ ） 工资卡（ ）		卡号			
结算方式	网上银行转账汇款					
供应商全称	中华少年儿童慈善救助基金会		供应商开户银行及账号	中国工商银行北京市东四环外大街支行 0102010000018901890		
款项用途	"天使妈妈"专项基金捐赠款					
报销金额	（大写）贰万元整				（小写）¥20000.00	

批准人：李宗生　　审核人：陈月红　　稽核人：王友林　　出纳：万敏　　经手人：王薇 12.4

（转账付讫）

收料单是记录外购材料验收入库的一种自制原始凭证。

常见的收料单为一式三联：一联留在仓库，作为登记材料保管账数量的依据；一联退给采购部门备查；一联交会计，作为记账依据。

材料运到时，经办人应填制收料单，连同发票等采购结算单据交给仓库保管员办理入库手续。仓库保管员根据采购结算单据，清点材料的数量、品种、规格等，并按实收填写数量、品种、规格等。验收合格后，各责任人签章，以示负责。

会计根据采购结算单据，审核收料单上列明的材料的数量、品种、规格及有关责任人签章，计算补充填写收料单的实际成本。

业务2实习成果

支出报销单的相关知识见附表2.1的背面。

附表3.2

公益事业捐赠统一票据
UNIFIED INVOICE OF DONATION FOR PUBLIC WELFARE

国　财00402　　　　　　　2020年12月04日　　　　　　　　No 00041654

捐赠人Donor　北京市蓝梦电器有限公司　　　Y　M　D

捐赠项目 For purpose	实物（外币）种类 Material objects(Currency)	数量 Amount	金额 Total amount
"天使妈妈"专项基金捐赠款	人民币		20000.00

第二联 收据

金额合计（大写）In Figures 贰万元整

金额合计（小写）In Words ¥20000.00

接受单位（盖章）：　　　　　　　　　复核人：林语欣　　　　　　开票人：陈媛媛
Receiver's Seal　　　　　　　　　　　Verified by　　　　　　　　Handling Person

感谢您对公益事业的支持！Thank you for support of public welfare!

附表3.3

中国工商银行　　网上银行电子回单

电子回单号码：0813-2518-4081-1705

回单类型	境内汇款		指令序号	05010200006710020043549805
付款人	户名	北京市蓝梦电器有限公司	收款人	户名	中华少年儿童慈善救助基金会
	账号	0102000108808103625		账号	0102010000018901890
	银行	中国工商银行林萃路支行		银行	中国工商银行北京市东四环外大街支行
	地区	北京		地区	北京
币　种	人民币		钞汇标志	钞
金　额	20000.00元		手续费	0.00元
合　计	人民币（大写）：贰万元整			
交易时间	2020年12月04日09时15分		时间戳	2020-12-04-09.16.03.207701
附言：				

验证码：J1L01xxF365SAJ7HI9VnhAFDPLc=

本回单打印次数：　1次　　　　　　　　　打印日期：2020年12月4日

公益事业捐赠票据是捐赠人对外捐赠并根据国家有关规定申请捐赠款项税前扣除的有效凭证。

财政电子票据是以数字信息代替纸质文件，电子票据上印有财政票据监制章和受捐人票据专用章，与纸质票据具有同等法律效力。

捐赠人用手机上收到的电子票据号码和校验码等信息，登录财政电子票据公共服务平台查验电子票据，自行下载打印。

网上银行电子回单是记录网络银行经济业务、明确银行经济责任，并在银行会计核算过程中作为记账依据的一种书面证明。

网上银行电子回单上有验证码和电子章，如果企业与银行签订开通网上打印回单功能且银行不再出盖章回单的协议，则不需要银行另行盖章即可作为原始凭证。

网上银行电子回单的特点和优势如下：

① 信息详细丰富。电子回单记载了企业网上付款交易的详细信息。

② 认证真实可靠。电子回单加盖了银行电子回单专用章，并且标注了电子回单号码和验证码，能够确保其真实性和可认证性。

③ 使用方便快捷。提供 7×24 小时全天候账户电子回单查询功能，可以轻松完成各类交易的企业账务处理。

业务 3 实习成果

【业务4】

　　附表4.1

支出报销单

申请部门：后勤保障部　　　　2020年12月5日　　　　　　附单据 2 张

经手人	陈达		电话		员工号	
报销性质	现金（ ）　　银行转账（✓）		支出性质	☑日常管理 □生产 □研发 □市场推广		
领款方式	现金（ ）　　工资卡（ ）		卡号			
结算方式	网上银行转账汇款			转账付讫		
供应商全称	中国人民财产保险股份有限公司北京分公司		供应商开户银行及账号	中国工商银行北京市建国门外大街支行0102010080018901289		
款项用途	支付2021年财产保险费					
报销金额	（大写）壹万玖仟零捌拾元整			（小写）¥19080.00		

批准人：李宗生　　审核人：陈月红　　稽核人：王友林　　出纳：万敏　　经手人：陈达12.5

　　附表4.2

北京增值税专用发票

1100209130　　　　　　　　　　　　　　　　No 00004563　　　　　　1100209130

校验码 10012 73221 98110 61106　　　　　　　　　　　　　　　　　00004563

开票日期：2020年12月09日

购买方	名　称：	北京市蓝梦电器有限公司				密码区	+1*3-62<0<9-*04+5*888-14/-3 12>00*71/39--011225/6-2*121 +8*48+5-26+0/52/5<3-*00<31 8+302713>452*6**1*><25-09/1
	纳税人识别号：	91110041026282336B					
	地址、电话：	北京市创新示范区林萃路12号010-62201512					
	开户行及账号：	中国工商银行北京市林萃路支行0102000108808103625					

货物或应税劳务、服务名称	规格型号	单位	数量	单价	金额	税率	税额
*金融服务*保险服务					18000.00	6%	1080.00
合计					¥18000.00		¥1080.00

价税合计（大写）	⊗壹万玖仟零捌拾圆整	（小写）¥19080.00

销售方	名　称：	中国人民财产保险股份有限公司北京分公司	备注	
	纳税人识别号：	91110000071093148R		
	地址、电话：	北京市朝阳区建国门外大街2号95518		
	开户行及账号：	中国工商银行北京市建国门外大街支行01020100800 8901289		

收款人：1　　　　　复核：2　　　　　开票人：BJCX　　　　　销售方：（章）

支出报销单的相关知识可参见附表 2.1 的背面。

企业与保险公司之间存在保险合同关系。如果企业是增值税一般纳税人，且财产用于生产经营，则取得保险公司开具的增值税专用发票可以抵扣进项税额。

增值税专用发票的相关知识可参见附表 2.2 和附表 2.3 的背面。

附录　业务单据及指导

附表4.3

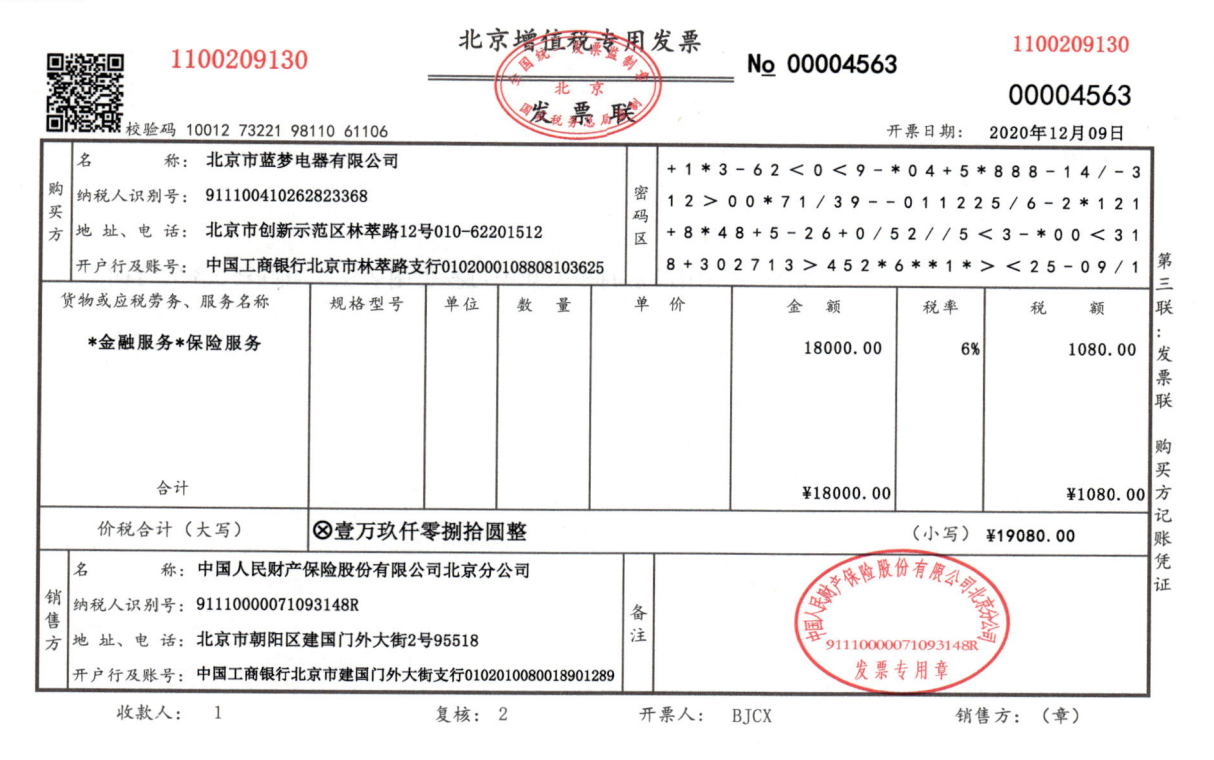

北京增值税专用发票

1100209130　　　　　No 00004563　　　　1100209130
　　　　　　　　　　　　　　　　　　　　　　00004563

校验码 10012 73221 98110 61106　　　　开票日期：2020年12月09日

购买方	名　称：	北京市蓝梦电器有限公司			密码区	+1*3-62<0<9-*04+5*888-14/-3 12>00*71/39--011225/6-2*121 +8*48+5-26+0/52//5<3-*00<31 8+302713>452*6**1*><25-09/1		
	纳税人识别号：	91110041026282336B						
	地址、电话：	北京市创新示范区林萃路12号010-62201512						
	开户行及账号：	中国工商银行北京市林萃路支行0102000108808103625						

货物或应税劳务、服务名称	规格型号	单位	数量	单价	金额	税率	税额
*金融服务*保险服务					18000.00	6%	1080.00
合计					￥18000.00		￥1080.00

价税合计（大写）	⊗壹万玖仟零捌拾圆整	（小写）￥19080.00

销售方	名　称：	中国人民财产保险股份有限公司北京分公司	备注	（发票专用章）
	纳税人识别号：	91110000071093148R		
	地址、电话：	北京市朝阳区建国门外大街2号95518		
	开户行及账号：	中国工商银行北京市建国门外大街支行0102010080018901289		

收款人： 1　　　　复核： 2　　　　开票人： BJCX　　　　销售方：（章）

第三联：发票联 购买方记账凭证

附表4.4

中国工商银行　　网上银行电子回单

电子回单号码：0313-0218-4081-1305

回单类型	境内汇款		指令序号	010102000065100200435498054
付款人	户　名	北京市蓝梦电器有限公司	收款人	户　名	中国人民财产保险股份有限公司北京分公司
	账　号	0102000108808103625		账　号	0102010080018901289
	银　行	中国工商银行林萃路支行		银　行	中国工商银行北京市建国门外大街支行
	地　区	北京		地　区	北京
币　种	人民币		钞汇标志	钞
金　额	19080.00元		手续费	0.00元
合　计	人民币（大写）：壹万玖仟零捌拾元整			
交易时间	2020年12月05日16时15分		时间戳	2020-12-05-16.16.03.117704
（电子回单专用章）	附言：			
	验证码：P1L0UxxF365SAJ7HI9VMhAFDPLc=			

本回单打印次数：　　1次　　　　　　打印日期：　2020年12月5日

增值税专用发票的相关知识可参见附表 2.2 和附表 2.3 的背面。

① 网上银行电子回单的相关知识可参见附表 3.3 的背面。
② 支付第二年财产保险费时，应借记"预付账款——预付财产保险费"和"应交税费——应交增值税（进项税额）"科目，贷记"银行存款"科目。

业务 4 实习成果

附录 业务单据及指导

【业务5】

附表5.1

支出报销单

申请部门：**市场部**　　　　2020年12月6日　　　　附单据　**2**　张

经手人	**袁飞**	电话		员工号	
报销性质	现金（　）	银行转账（✓）	支出性质	□日常管理 □生产 □研发 ☑市场推广	
领款方式	现金（　）	工资卡（　）	卡号		
结算方式	网上银行转账汇款				
供应商全称	北京市季风广告有限公司		供应商开户银行及账号	中国工商银行北京市朝阳支行 0102010180014601258	
款项用途	支付广告制作费				
报销金额	（大写）贰万元整			（小写）￥20000.00	

批准人：祝庆宇 李宗生　　审核人：陈月红　　稽核人：王友林　　出纳：万敏　　经手人：袁飞 12.5

（盖章：转账付讫）

附表5.2

北京增值税专用发票　　No 00031228

代开　　1100209160　　00031228

校验码 17210 33441 69810 11306　　开票日期：2020年12月06日

购买方
- 名称：北京市蓝梦电器有限公司
- 纳税人识别号：911100410262823368
- 地址、电话：北京市创新示范区林萃路12号 010-62201512
- 开户行及账号：中国工商银行北京市林萃路支行 0102000108808103625

密码区：
```
*3-6+14/-32<0<9-*04+5*888-1
00*71/39--0112>1225/6-1212*
*4+88+5-26+<310/52//5<3-*00
2713>452*68+3**1*><25-09/10
```

货物或应税劳务、服务名称	规格型号	单位	数量	单价	金额	税率	税额
*文化创意服务*广告服务					19417.48	3%	582.52
合计					￥19417.48		￥582.52

价税合计（大写）　⊗贰万圆整　　　　（小写）￥20000.00

销售方
- 名称：北京市创新示范区税务局办税服务厅
- 纳税人识别号：11000301DKD1577
- 地址、电话：北京市林萃路甲1号 010-63816879
- 开户行及账号：（141）11001687

代开企业税号：911100023363400892
代开企业名称：北京市季风广告有限公司

（印章：国家税务总局 北京市创新示范区税务局 代开发票专用章 11000301DKD1577）

收款人：1　　复核：2　　开票人：夏天　　销售方：（章）

支出报销单的相关知识可参见附表2.1的背面。

　　代开专用发票是指主管税务机关为所辖范围内的增值税纳税人代开专用发票，其他单位和个人不得代开。增值税纳税人是指已办理税务登记的小规模纳税人（包括个体经营者）及国家税务总局确定的其他可予代开增值税专用发票的纳税人。代开发票需提供以下材料：①"代开增值税发票缴纳税款申报单"；②加载统一社会信用代码的营业执照；③经办人身份证件及复印件。

　　代开增值税专用发票为六联：第一联为发票联；第二联为抵扣联；第三联为记账联；第四联交纳税人；第五联代开发票岗位留存，以备发票扫描补录；第六联交税款征收岗位留存，用于代开发票与征收税款的定期核对。

　　税务局代开增值税专用发票，除加盖纳税人发票专用章外，必须同时加盖税务局代开增值税专用发票章。另外，销售方的名称、纳税人识别号、地址电话、开户行及账号要填写代开发票的税务局的信息。"备注"栏要填写销售方企业的名称及纳税人识别号。

附录　业务单据及指导

附表5.3

北京增值税专用发票　No 00031228

1100209160
代开
校验码：17210 33441 69810 11306

开票日期：2020年12月06日

购买方	名称：北京市蓝梦电器有限公司 纳税人识别号：911100410262823368 地址、电话：北京市创新示范区林萃路12号010-62201512 开户行及账号：中国工商银行北京市林萃路支行0102000108803103625

密码区：
```
*3-6+14/-32<0<9-*04+5*888-1
00*71/39--0112>1225/6-1212*
*4+88+5-26+<310/52//5<3-*00
2713>452*68+3**1*><25-09/10
```

货物或应税劳务、服务名称	规格型号	单位	数量	单价	金额	税率	税额
*文化创意服务*广告服务					19417.48	3%	582.52
合计					¥19417.48		¥582.52

价税合计（大写）：⊗贰万圆整　（小写）¥20000.00

销售方	名称：北京市创新示范区税务局办税服务厅 纳税人识别号：11000301DKD1577 地址、电话：北京市林萃路甲1号010-63816879 开户行及账号：(141)11001687

备注：代开企业税号：911100023363400892
代开企业名称：北京市季风广告有限公司

收款人：1　复核：2　开票人：夏天　销售方：（章）

附表5.4

中国工商银行　网上银行电子回单

电子回单号码：2091-4318-0761-2339

回单类型	境内汇款		指令序号	010102000055100200435467050
付款人	户名	北京市蓝梦电器有限公司	收款人 户名	北京市季风广告有限公司
	账号	0102000108808103625	账号	0102010180014601258
	银行	中国工商银行北京市林萃路支行	银行	中国工商银行北京市朝阳支行
	地区	北京	地区	北京
币种	人民币		钞汇标志	钞
金额	20000.00元		手续费	0.00元
合计	人民币（大写）：贰万元整			
交易时间	2020年12月06日15时15分		时间戳	2020-12-06.15.16.03.171704
附言：				

验证码：Z1L0FxxE365SJ7SI8VMhAFDPLi=

本回单打印次数：　1次　　打印日期：　2020年12月6日

（1）增值税专用发票"备注"栏的常规信息如下：

① 发票专用章应盖在"销售方（章）"处，作为备注。

② 增值税专用发票的校验码（有的省份）。

（2）自行开具增值税专用发票"备注"栏的补充信息如下：

① 提供货物运输服务。注明起运地、到达地、车种车号和运输货物信息，以及铁路运输企业受托代征的印花税款等信息。

② 提供建筑服务。注明建筑服务发生地县（市、区）名称及项目名称。

③ 销售或出租不动产。注明不动产的详细地址。

（3）税务机关代开增值税专用发票"备注"栏的补充信息如下：

① 注明增值税纳税人的名称和纳税人识别号。

② 为出售或出租不动产代开发票时，注明销售或出租不动产纳税人的名称、纳税人识别号（或组织机构代码）、不动产的详细地址；按照核定计税价格征税的，"金额"栏填写不含税计税价格，"备注"栏注明"核定计税价格，实际成交含税金额****元"。

① 网上银行电子回单的相关知识可参见附表3.3的背面。

② 支付广告制作费时，应借记"销售费用——广告费"和"应交税费——应交增值税（进项税额）"科目，贷记"银行存款"科目。

业务5 实习成果

附录　业务单据及指导

【业务6】

附表6.1

产品入库单

2020 年 12 月 6 日　　　　　　　　　　第 R01 号

名称	编号	单位	数量	单价	金额									备注
					百	十	万	千	百	十	元	角	分	
台式风扇	K11#	台	1900											
合计														

第三联　记账联

仓库主管：陈达　　会计：　　　　检验员：王峰　　仓库保管员：周红　　经手人：李立

附表6.2

产品入库单

2020 年 12 月 6 日　　　　　　　　　　第 R02 号

名称	编号	单位	数量	单价	金额									备注
					百	十	万	千	百	十	元	角	分	
落地风扇	K12#	台	2000											
合计														

第三联　记账联

仓库主管：陈达　　会计：　　　　检验员：王峰　　仓库保管员：周红　　经手人：李立

产品入库单是记录完工产成品验收入库的一种内部自制原始凭证。

生产部门将完工的产成品送成品仓库验收入库。仓库保管员清点核对产品数量，填制一式多联入库单上的成品数量、品种、规格，生产部门、仓库保管员双方签章，由仓库负责人审核签字后，一联留在仓库作为登记"库存商品明细账"数量的依据，一联退给生产部门备查，一联交财会部门作为记账的依据。

产品入库单的相关知识可参见附表6.1的背面。

业务6实习成果

附录　业务单据及指导

【业务7】

附表7.1

重付款确认单

2020 年 12 月 7 日

收款人全称	保定市正定机械制造有限公司	
结算方式	网上银行转账汇款	
开户银行	中国工商银行保定市德胜大街支行	
账号	0102013060801580281	
金额	（大写）　壹拾贰万元整	小写¥：120000.00
原因	归还前欠货款（合同号：2020092803）	
备注		

主管领导　李东生　　　　部门领导　齐进　　　　经办人　李星 12.7

附表7.2

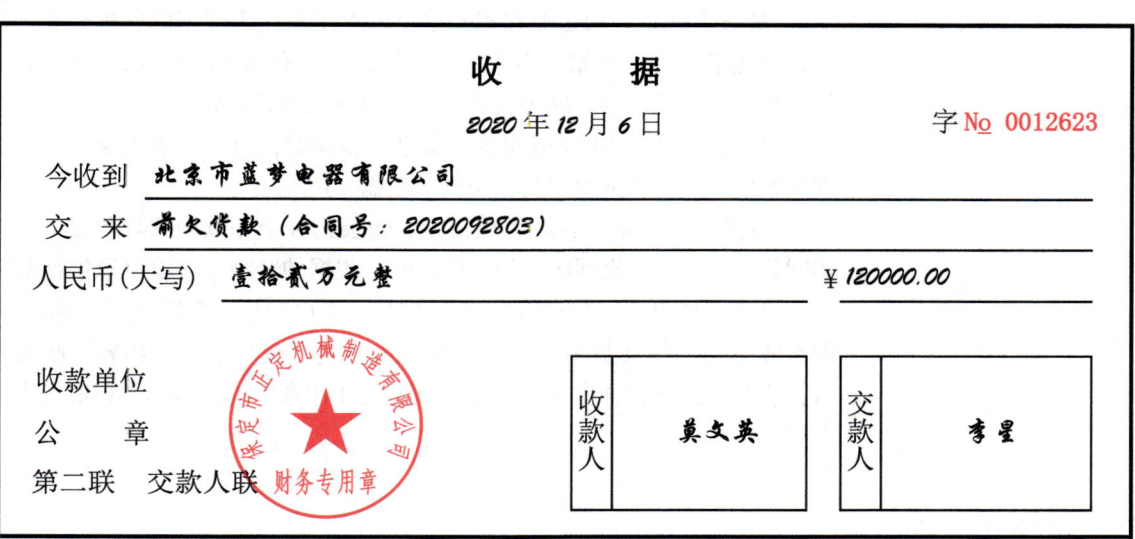

收　据

2020 年 12 月 6 日　　　　　　　　　　　字 No 0012623

今收到　北京市蓝梦电器有限公司

交　来　前欠货款（合同号：2020092803）

人民币（大写）　壹拾贰万元整　　　　　　　　¥ 120000.00

收款单位公章　（保定市正定机械制造有限公司 财务专用章）

第二联　交款人联　　　收款人　莫文英　　　交款人　李星

付款通知单是指业务部门或人员对合作方完成一定项目或业务等有偿活动后，通知财会部门履行清偿价款的单据。根据所付款项的不同，付款通知单可以分为不同的种类，如重付款确认单、合同付款通知单、到货付款通知单、政府采购付款通知单、运费付款通知单等。重付款确认单主要用于单位因资金紧缺而出现货款暂欠情况后的再付款，财会部门需要经办人员再次做确认。

复写收据是表明企业收到外单位或本单位职工交来的各种赔款、罚款、押金、归还借款等的凭据，为企业自制凭证，没有固定的格式，一般为一式三联，第一联为存根联，第二联为交款人联，第三联为记账联。

收款单位收到单位或交款人交来的款项时，应当面清点交款金额，然后根据交款单位或交款人交来的款项开具收据。

收到各种赔款、罚款、预付款、包装物押金等款项开具收据时，金额栏为实际收到的数额；收到职工归还借款时，收据的金额栏应填写原借款金额。

收款单位开具收费票据，必须按号码顺序使用，各联复写，逐栏填写清楚，即在收据上写明交款单位全称或交款人姓名、交款事由等内容。收据各栏填好后，收款人签章，在票据第二联收款单位（印章）处加盖本单位财务专用章。

附表7.3

中国工商银行　　网上银行电子回单

电子回单号码：　0713-0418-3081-1309

	回单类型	境内汇款		指令序号	030102000075100200435498056
付款人	户　名	北京市蓝梦电器有限公司	收款人	户　名	保定市正定机械制造有限公司
	账　号	0102000108808103625		账　号	0102013060801580281
	银　行	中国工商银行北京市林萃路支行		银　行	中国工商银行保定市德胜大街支行
	地　区	保定		地　区	北京
	币　种	人民币		钞汇标志	钞
	金　额	120000.00元		手续费	0.00元
	合　计	人民币（大写）：壹拾贰万元整			
	交易时间	2020年12月07日10时57分		时间戳	2020-12-07-10.58.02.121704

附言：归还货款（合同号：2020092803）

（中国工商银行 电子回单 专用章）

验证码：Z1L0UxxR365SJ7HI9VMhAFDPLi=

本回单打印次数：　1次　　　　　　　　　　　　打印日期：　2020年12月7日

【业务8】

附表8.1

出差申报单

出差申请人	苏民	员工编号	
部　门	办公室		
出差地点	武汉	出差往返时间	2020年11月29日 至2020年12月2日

出差事由：参加2020年度行业生产协作会

审批人意见：

　　李宗生 11.27

（1）网上银行电子回单的相关知识可参见附表3.3的背面。
（2）偿付应付账款时，借记"应付账款"科目，贷记"银行存款"科目。

业务7实习成果

为了进一步规范企业员工的出差管理工作，强化成本管理意识，合理控制差旅费开支，有的企业要求员工出差时提前一天填写出差申报单，并按逐级管理权限进行审批。出差人员因公务紧急，未能履行出差审批手续的，出差前可以电话方式请示，出差归来后补办手续；因特殊原因无法在预定期限返回销差而必须延长滞留的，根据出差者申请，经调查无误后方可报销差旅费。

附表8.2

差旅费报销单

部门：办公室　　　　　　　　2020年12月8日　　　　　　　　附单据 5 张

出差人：苏民　　员工号：102　　电话：8102　　出差事由：参加2020年度行业生产协作会

出发			到达			交通工具		出差补贴		其他费用	
月	日	时	地点	月	日	时	地点	种类	金额	天数	金额	项目	金额
11	29		北京	11	29		武汉	火车	522.00	3	549.00	住宿费	1356.80
12	2		武汉	12	2		北京	火车	520.50			餐费	
												市内车费	
												邮寄费	
												办公用品费	
												图书资料费	
												往返机场、车站、码头交通费	
												其他	
金额小计 ￥2939.30								1042.5		549.00			1356.80

（转账付讫）

报销金额　大写：贰仟玖佰叁拾玖元叁角整　　预借差旅费　现金：　　补领金额：
　　　　　　　　　　　　　　　　　　　　　　　　　　　　支票：　　退还金额：

单位领导：李东生　部门主管：　　财务主管：王友林　出纳：万敏　会计：陈月红　经手人：苏民 12.8

注：请务必按要求，真实、完整地填写上述项目，并对票据的合法性负责任。

附表8.3

B031121

北京西 站　→ G509 →　汉口 站
Beijingxi　　　　　　　　　　　Hankou

2020年11月29日 19：00开　　05车03A号

￥522.00元　　　　网　　　　二等座

限乘当日当次车

1101041978****1766　苏民

买票请到12306　发货请到95306
中国铁路祝您旅途愉快

10010300391123B031121　北京西售

差旅费报销单是企业出差人员报销所花费的乘车、住宿、办公用品等费用的原始凭证。职工因公出差，报销时，需填制差旅费报销单。填写差旅费报销单时应明确列示出差的行程和逗留时间，以及发生的有关费用支出情况。会计根据财政部的有关标准和本单位的报销规定核定可以列支费用和出差人员的出差补助，主管负责人审批后入账，出纳人员收回节余的借款，结清差旅费借款。

业务8实习成果

我国火车开头字母的意思如下：

①G是"高"字的汉语拼音简写，代表高速动车组，最高运行速度300 km/h。

②D是"动"字的汉语拼音简写，代表动车组，均使用和谐号动车组运行，最高运行速度200~250 km/h。

③C是"城"字的汉语拼音简写，代表城际动车组，代表运行距离较短、以管内列车为主的城际动车组，最高运行速度300 km/h。

④Z是"直"字的汉语拼音简写，代表直达列车。这类列车在行程中一站不停或经停必需站但不办理客运业务。

⑤T是"特"字汉语拼音的简写，代表特快列车。这类列车在行程中一般只经停省会城市或当地的大型城市。

⑥K是"快"字汉语拼音的简写，代表快速列车。这类列车在行程中一般只经停地级中心或重要的县级中心。

附表8.4

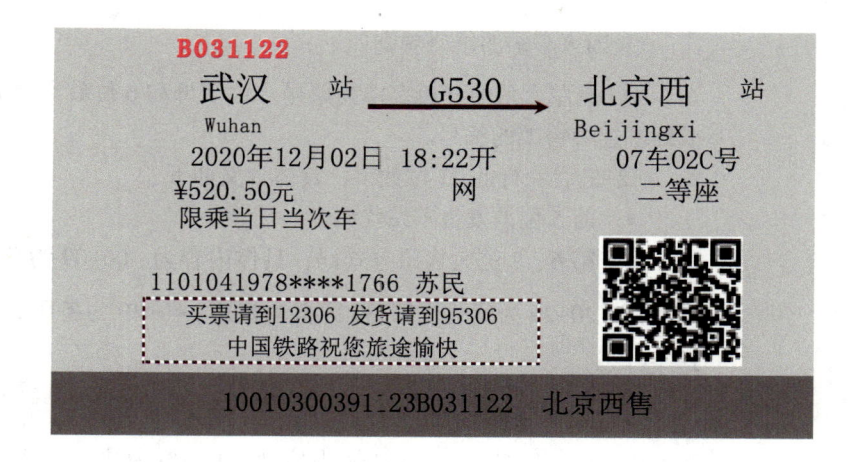

```
B031122
武汉 站  ——G530→  北京西 站
Wuhan              Beijingxi
2020年12月02日 18:22开      07车02C号
¥520.50元         网          二等座
限乘当日当次车

1101041978****1766 苏民
买票请到12306 发货请到95306
中国铁路祝您旅途愉快

10010300391123B031122  北京西售
```

附表8.5

		湖北增值税专用发票			No 06408007		4200209130
							06408007
校验码 51116 75441 18610 31136							开票日期：2020年12月02日

购买方	名　　称：	北京市蓝梦电器有限公司				密码区	+1*1/-32<0<9-*04+5*808-13-6 1/300*79--0112>1225/6-2*121 +8*48+5-26+<312//5<3-*00/5 *1*02713>452*68+3*><25-09/1
	纳税人识别号：	911100410262823368					
	地　址、电　话：	北京市创新示范区林萃路12号010-62201512					
	开户行及账号：	中国工商银行北京市林萃路支行0102000108808103625					

货物或应税劳务、服务名称	规格型号	单位	数量	单价	金额	税率	税额
*餐饮住宿服务*住宿服务		天	4	320.0000	1280.00	6%	76.80
合计					¥1280.00		¥76.80
价税合计（大写）	⊗壹仟叁佰伍拾陆圆捌角整				（小写）¥1356.80		

销售方	名　　称：	武汉市芙蓉宾馆有限公司	备注
	纳税人识别号：	914201073000019011	
	地　址、电　话：	武汉市汉阳路3号027-73327873	
	开户行及账号：	中国工商银行武汉市汉阳支行01020420100846D1289	

收款人：陈倩倩　　复核：张丽娜　　开票人：林茹萍　　销售方：（章）

我国火车票的编码规则如下：

① 最左上角的红色字体为票号。由字母和 6 位数字组成，为某台售票窗口或终端连续售票的编号。

② 最后一行的 21 位数字，具体含义如下：

- 前 5 位是发售车站代码。
- 第 6、7 位为售票方式码，具体内容为：00~09 为车站发售；10~19 为预约预订；20~29 为代售；30~39 为自动售票；40~49 为备用；90~98 为管理；99 为技术维护。

- 第 8~10 位为售票窗口码（非第 ** 售票窗口），售票窗口码编码范围 001~255。售票窗口码具体内容为：1~200 为售票、退票、预约预订窗口；201~255 为管理窗口。对于售票方式码为 20~29 的，售票窗口码通常为代售点编号。

- 第 11~14 位为财收结账日期（非买票日期），MMDD 格式，4 位数字。

- 第 15~21 位为车票号码（以下简称票号），除 I 和 O 以外的大写英文字母 +6 位数字，计 7 位。票号编码范围 A000001~Z100000。票号部分应与客票左上角印刷的票号一致。

增值税专用发票的相关知识可参见附表 2.2 和附表 2.3 的背面。

附录　业务单据及指导

附表8.6

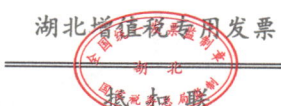

湖北增值税专用发票

No 06408007

4200209130　　06408007

开票日期：2020年12月02日

校验码：51116 75441 18610 31136

购买方	名　　称	北京市蓝梦电器有限公司	密码区	+1*1/-32＜0＜9-*04+5*808-13-6 1/300*79--0112＞1225/6-2*121 +8*48+5-26+＜312//5＜3-*00/5 *1*02713＞452*68+3*＞＜25-09/1
	纳税人识别号	911100410262823368		
	地址、电话	北京市创新示范区林萃路12号010-62201512		
	开户行及账号	中国工商银行北京市林萃路支行0102000108803103625		

货物或应税劳务、服务名称	规格型号	单位	数量	单价	金额	税率	税额
*餐饮住宿服务*住宿服务		天	4	320.0000	1280.00	6%	76.80
合　计					¥1280.00		¥76.80
价税合计（大写）	⊗壹仟叁佰伍拾陆圆捌角整				（小写）¥1356.80		

销售方	名　　称	武汉市芙蓉宾馆有限公司	备注	
	纳税人识别号	914201073000019011		
	地址、电话	武汉市汉阳路3号027-73327873		
	开户行及账号	中国工商银行武汉市汉阳支行0102042010084601289		

收款人：陈倩倩　　复核：张丽娜　　开票人：林茹萍　　销售方：（章）

【业务9】

附表9.1

开具发票通知单

2020年12月8日

发票抬头	北京市明光进出口贸易有限公司
税号	911100142206467553
经营地址	北京市新民路2号
财务联系电话	010-65886036
开户银行	中国工商银行北京市新民支行
开户账号	0102008120850103608
开票内容	台式风扇
金额	大写 壹佰伍拾柒万伍仟元整　　¥1575000.00（不含税）
发票种类	□普通票　　☑专用票
发票张数	1　　经办人　袁飞 12.8

财务主管审批：王友林　　　　主管领导审批：祝庆宁　李宗生

注：开具专用发票，必须提供对方全部纳税备案信息；开具普通发票，必须提供对方税号。

增值税专用发票的相关知识可参见附表2.2和附表2.3的背面。

开具发票通知单是指企业对外开具销售发票的审批单据。财会部门只有根据经审批后的开具发票通知单才能开具发票。申请开票部门或人员提供的购买方资料应准确无误；如果要开具增值税专用发票，还应提供购买方一般纳税人的全部资信资料。发票领取人领取发票后应于7日内将发票签收单返回财会部门，若发票未能及时交到购买方，则应将发票原件全部退还财会部门。

附表9.2（1）

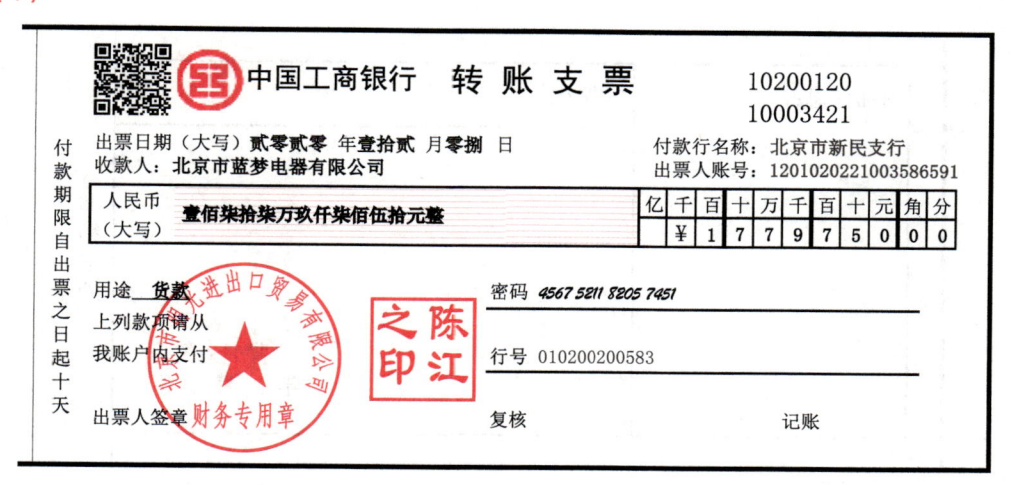

中国工商银行 转账支票	10200120
	10003421

出票日期（大写）贰零贰零 年壹拾贰 月零捌 日　付款行名称：北京市新民支行
收款人：北京市蓝梦电器有限公司　　　　　　出票人账号：1201020221003586591

人民币（大写）　壹佰柒拾柒万玖仟柒佰伍拾元整　　￥1 7 7 9 7 5 0 0 0

用途　货款

密码　4567 5211 8205 7451

上列款项请从我账户内支付

行号　010200200583

出票人签章　财务专用章　　　复核　　　　　记账

付款期限自出票之日起十天

附表9.3

中国工商银行　　　进账单　　　（收账通知）3

年　月　日

出票人	全称		收款人	全称	
	账号			账号	
	开户银行			开户银行	
金额	人民币（大写）			亿 千 百 十 万 千 百 十 元 角 分	
票据种类		票据张数			
票据号码					

该业务已提交中国工商银行
北京市林萃路支行
待后续处理

复核　记账　　　　收款人开户银行签章

此联是收款人开户银行交给收款人的收款通知

附表9.2（2）

附加信息：	被背书人	（贴粘单处）
	背书人签章 年　月　日	

在进账单中，收款人或出票人全称为企业在银行开户名称；账号为开户银行账号；开户银行为开户银行全称；大写金额应紧接"人民币"书写，不得留有空白；金额要与大写金额相对应；票据种类一般为转账支票、银行本票、银行汇票等；票据张数为送存银行的票据张数；票据号码为送存银行的票据号码。

附表9.4

北京增值税专用发票　No 00011921

1100209130　　　　　　　　　　　　　　　　　　　1100209130
　　　　　　　　　　　　　　　　　　　　　　　　　00011921

此联不作报销、抵扣税凭证使用　　　　　　　　开票日期：　　年　月　日

购买方	名　　称：		密码区	-6/1+1/3-32<0<9-*04+3*688-1 0*7-1/39--01>2>12/5/6-2*121 8++8*45-2++<31*/52//5<3-*0 022*06713>4568+3**1*><25-09/1
	纳税人识别号：			
	地址、电话：			
	开户行及账号：			

货物或应税劳务、服务名称	规格型号	单位	数量	单价	金　额	税率	税　额
合计							

价税合计（大写）		（小写）

销售方	名　　称：	备注
	纳税人识别号：	
	地址、电话：	
	开户行及账号：	

收款人：　　　　　　复核：　　　　　　开票人：　　　　　　销售方：（章）

第一联：记账联　销售方记账凭证

附表9.5

销售发货单

2020年12月8日　　　　　运输方式：送货上门

购买方：北京市明光进出口贸易有限公司　　　　编号：7201

产品名称	计量单位	数量	单价	金额	备注
台式风扇	台	3500	450.00	1575000.00	不含税
合　　计				1575000.00	

仓库主管：陈达　　仓库保管员：周红　　会计：　　　　经手人：袁飞

第三联　记账联

（1）增值税专用发票的相关知识可参见附表2.2和附表2.3的背面。
（2）增值税专用发票填制方法如下：
① 开票日期按公历用"阿拉伯数字"填写；
② 单位名称填写全称，地址不能省略；
③ 纳税人识别号按全国统一社会信用代码填写；
④ 开户银行及账号按购买方支票注明账号填写，若用现金购货的，则应先询问开户银行及账号；
⑤ "货物或应税劳务、服务名称"栏可填写商品规格、型号、劳务、服务种类等，不同商品或劳务、服务名称应分别填写；
⑥ "金额"栏填写不含税的销售额，"税率"栏填写依据税法所确定的税率；
⑦ "价税合计"栏填写金额合计加税额合计之和，并用汉字大写数字填写，"（小写）"后面用阿拉伯数字填写价税合计；
⑧ "收款人"处由收款人（开票人）签章，姓名不得省略填写。

发票填写完后，在第二、三联的销售方盖章处加盖在税务机关的发票发售部门预留的发票专用章，第一联可不用盖章。

销售发货单是一种内部自制原始凭证，是销售部门通知仓库发出产品时开出的单据。

当购销合同签订后，销售人员根据购销合同的约定，填制一式三联销售发货单。在"经手人"处签章后，一联留作备查，一联交给仓库作为发出产品的依据，一联交给财会部门作为货款结算依据。

附表9.6

产品出库单

2020 年 12 月 8 日　　　　第 C01 号

名称	编号	单位	数量	单价	金额 百	十	万	千	百	十	元	角	分	用途或原因
台式风扇	K11#	台	3500											销售出库
合　计														

第三联　记账联

仓库主管：陈达　　会计：　　检验员：王峰　　仓库保管员：周红　　经手人：袁飞

【业务10】

附表10.1

支出报销单

申请部门：后勤保障部　　2020 年 12 月 3 日　　附单据 3 张

经手人	周红	电话		员工号	
报销性质	现金（✓）　银行转账（　）		支出性质	☑日常管理　□生产　□研发　□市场推广	
领款方式	现金（✓）　工资卡（　）		卡号		
结算方式			现金付讫		
供应商全称			供应商开户银行及账号		
款项用途	购买档案盒等				
报销金额	（大写）肆佰元整			（小写）¥400.00	

批准人：李宗生　　审核人：陈月红　　稽核人：王友林　　出纳：万敏　　经手人：万敏12.3

产品出库单是记录发出产品的一种内部自制原始凭证。当发出产品时,仓库保管员根据"销售发货单"填制一式三联"产品出库单"上的产品名称、规格、数量、单位等,销售部门、仓库保管员双方签章,由仓库主管审核签字后,一联留在仓库作为登记"库存商品明细账"数量的依据,一联交给销售部门备查,一联(记账联)交财会部门记账。

业务 9 实习成果

支出报销单的相关知识可参见附表2.1的背面。

附表10.2

北京增值税电子普通发票

发票代码：011002089111
发票号码：00250095
开票日期：2020年12月09日
校验码：09423 73693 69939 27414

机器编码：661919124512

购买方		
名　称：	北京市蓝梦电器有限公司	
纳税人识别号：	911100410262823368	
地址、电话：	北京市创新示范区林萃路12号010-62201512	
开户行及账号：	中国工商银行北京市林萃路支行0102000108308103625	

密码区：
20161-*<001-5+-/0/<274*1-22
2<*2-678+>*3-*<561>56>>-9*
6-6+69</8++7<6-64<--7>><>6/
18/12*/>6420+>-*-->>0173/*8

货物或应税劳务、服务名称	规格型号	单位	数量	单价	金额	税率	税额
*纸制文具及用品*记录本		本	20	8.8496	176.99	13%	23.01
*纸制文具及用品*档案盒		个	40	4.4248	176.99	13%	23.01
合计					¥353.98		¥46.02

价税合计（大写）	⊗肆佰圆整	（小写）¥400.00

销售方		
名　称：	北京市天天百货商场	
纳税人识别号：	911100112334228826	
地址、电话：	北京市和平路64号010-62186699	
开户行及账号：	中国工商银行北京市和平支行0102014600013053746	

备注：（天天百货商场发票专用章 911100112334228826）

收款人：冯玲花　　　复核：顾萍　　　开票人：蔡畅畅　　　销售方：（章）

附表10.3

入库单

2020年12月2日　　　　　　　　　第20120901号

名称	编号	单位	数量	单价	金额								备注
					百	十	万	千	百	十	元	角	分	
记录本		本	20	10					2	0	0	0	0	采购入库
档案盒		个	40	5					2	0	0	0	0	采购入库
合　计									4	0	0	0	0	

第三联 记账联

仓库主管：陈达　　会计：陈月红　　检验员：王峰　　仓库保管员：周红　　经手人：周红

增值税电子普通发票的填制内容与纸质增值税普通发票相同。

增值税电子普通发票通过增值税电子发票系统开具。

增值税电子普通发票的发票代码为12位。其编码规则是：第1位为0，第2位至第5位代表省、自治区、直辖市和计划单列市，第6位和第7位代表年度，第8位至第10位代表批次，第11位和第12位代表票种（其中11代表增值税电子普通发票）。

增值税电子普通发票的发票号码为8位，按年度、分批次编制。

增值税电子普通发票的开票方和受票方需要纸质发票的，可以自行打印。增值税电子普通发票的版式文件，其法律效力、基本用途、基本使用规定等与税务机关监制的增值税普通发票相同。

入库单是一种内部自制原始凭证。单位物资采购人员购买办公用品、礼品、劳保用品等物品时，为了明晰责任，加强管理，需要办理入库手续：仓库保管员验收后开具一式三联入库单，核对无误后双方签字以示负责，然后一联留作备查，一联交经办人，一联交财会部门记账。

附录　业务单据及指导

附表10.4

出库单

2020 年 12 月 9 日　　　　　　第 20120901 号

名称	单位	数量	单价	金额								用途或原因
				百	十	万	千	百	十	元	角	分	
记录本	本	20	10					2	0	0	0	0	领用出库
档案盒	个	40	5					2	0	0	0	0	领用出库
合　　计								4	0	0	0	0	

第三联　记账联

仓库主管：陈达　　　会计：陈月红　　　检验员：王峰　　　仓库保管员：周红　　　经手人：王薇

【业务11】

附表11.1

支票领用申请单

2020 年 12 月 9 日

部门	采购部	支票名称	转账支票
收款单位	北京市华鑫钢材贸易有限公司	支票号码	
支票用途	购买冷板钢材		
支票金额	人民币（大写） 伍拾叁万叁仟玖佰贰拾伍元整	￥533925.00	
备注：			
领导批示	同意。李宗生	财务主管	同意。王友林	部门主管	王友林

会计 陈月红　　　　　　出纳 万敏　　　　　　经办人　李星 12.9

127

出库单是一种内部自制原始凭证,适用于单位内部的物品出库。各部门经办人经本部门领导同意后,去仓库领用物品时,仓库保管员开具一式三联出库单,相关责任人签字,一联留作备查,一联交经办人,一联交财会部门记账。这样,减少了现金的支付,让账务更清晰。

业务 10 实习成果

领用人领取支票时,要根据用款计划提交支票领用申请单,注明用途、金额,由部门或项目负责人批准签字,再到财会部门领取支票。

附表11.2

支出报销单

申请部门：采购部　　　　　2020年12月9日　　　附单据　4　张

经手人	李星		电话		员工号	
报销性质	现金（　）	银行转账（✓）	支出性质	□日常管理　☑生产　□研发　□市场推广		
领款方式	现金（　）	工资卡（　）	卡号			
结算方式	转账支票　（转账付讫）					
供应商全称	北京市华鑫钢材贸易有限公司		供应商开户银行及账号	中国工商银行北京市解放支行 0102000380018601285		
款项用途	购买冷板钢材					
报销金额	（大写）伍拾叁万叁仟玖佰贰拾伍元整				（小写）￥533925.00	

批准人：李东生　　审核人：陈月红　　稽核人：王友林　　出纳：万敏　　经手人：李星 12.9

附表11.3

北京增值税专用发票　No 03424155

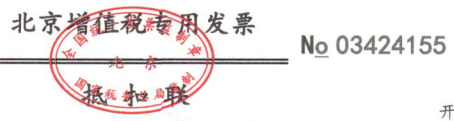

1100209130　　　　　　　　　　　　1100209130
　　　　　　　　　　　　　　　　　　03424155

校验码 10216 23441 79810 21136　　开票日期：2020年12月09日

购买方	名　称：北京市蓝梦电器有限公司 纳税人识别号：91110041026282336 地址、电话：北京市创新示范区林萃路12号010-62201512 开户行及账号：中国工商银行北京市林萃路支行0102000108808103625	密码区	4/+1*3-6-32<0<9-*04+5*888-1 9-00*71/3-0112>1225/6-2*121 10+8*48+5-26+<3/52//5<3-*00 02*713>452*68+3*1*><25-09/1

货物或应税劳务、服务名称	规格型号	单位	数　量	单　价	金　额	税率	税　额
*钢材*冷板钢材		千克	76829	6.1500	472500.00	13%	61425.00
合计					￥472500.00		￥61425.00
价税合计（大写）　⊗伍拾叁万叁仟玖佰贰拾伍圆整						（小写）￥533925.00	

销售方	名　称：北京市华鑫钢材贸易有限公司 纳税人识别号：911100000273324411 地址、电话：北京市解放路3号010-63732783 开户行及账号：中国工商银行北京市解放支行0102000380018601285	备注	

收款人：牛丽　　复核：刘烨　　开票人：房惠　　销售方：（章）

支出报销单的相关知识可参见附表2.1的背面。

增值税专用发票的相关知识可参见附表2.2和附表2.3的背面。

附录　业务单据及指导

附表11.4

北京增值税专用发票

1100209130　　　　　　　　　No 03424155　　　　1100209130
校验码 10216 23441 79810 21136　　　　　　　　　03424155
　　　　　　　　　　　　　　　　　　　　　开票日期：2020年12月09日

购买方	名　称：	北京市蓝梦电器有限公司	密码区	4/+1*3-6-32＜0＜9-*04+5*888-1 9-00*71/3-0112＞1225/6-2*121 10+8*48+5-26+＜3/52//5＜3-*00 02*713＞452*68+3*1*＞＜25-09/1
	纳税人识别号：	911100410262823368		
	地　址、电话：	北京市创新示范区林萃路12号010-62201512		
	开户行及账号：	中国工商银行北京市林萃路支行0102000108808103625		

货物或应税劳务、服务名称	规格型号	单位	数量	单　价	金　额	税率	税　额
*钢材*冷板钢材		千克	76829	6.1500	472500.00	13%	61425.00
合计					¥472500.00		¥61425.00

价税合计（大写）	⊗伍拾叁万叁仟玖佰贰拾伍圆整	（小写）¥533925.00

销售方	名　称：	北京市华鑫钢材贸易有限公司	备注	（销售方发票专用章）
	纳税人识别号：	911100000273324411		
	地　址、电话：	北京市解放路3号010-63732783		
	开户行及账号：	中国工商银行北京市解放支行0102003080018601285		

收款人：牛丽　　　　复核：刘烨　　　　开票人：房惠　　　　销售方：（章）

第三联：发票联　购买方记账凭证

附表11.5

收 料 单

发票号码：03424155
销售方：北京市华鑫钢材贸易有限公司　　　　　　收料单编号：S00011008
材料类别：主要材料　　　2020年12月9日　　　　收料仓库：11货位

| 编号 | 名称 | 规格 | 单位 | 数量 | | 实际成本 | | | | 备注 |
| | | | | 应收 | 实收 | 买价 | | 运杂费 | 其他 | 合计 | |
						单价	金额				
	冷板钢材		千克	76829	76829						

仓库主管：陈达　　采购员：袁飞　　检验员：王峰　　记账员：　　仓库保管员：周红

第三联　记账联

增值税专用发票的相关知识可参见附表 2.2 和附表 2.3 的背面。

收料单的相关知识可参见附表 2.5 的背面。

附录　业务单据及指导

附表11.6

中国工商银行 转账支票存根 10201020 10002215	中国工商银行　转 账 支 票　10201020　10002215
附加信息 出票日期　年　月　日 收款人： 金额： 用途： 单位主管　会计	出票日期（大写）　年　月　日　付款行名称：中国工商银行北京市林萃路支行 收款人：　　　　　　　　　　　　　出票人账号：0102000108808103625 人民币（大写）　　　　　　　　　　　亿千百十万千百十元角分 用途　　　　　　　　　　　　密码 10112 25423 68901 12542 上列款项请从 我账户内支付　　　　　　　　行号 010201009310 出票人签章　　　　　　　复核　　　　　　记账

【业务12】

附表12.1

支出报销单

申请部门：财务部　　　　　　　2020年12月10日　　　　附单据　1　张

经手人	万敏	电话		员工号	
报销性质	现金（　）　银行转账（✓）		支出性质	☑日常管理 □生产 □研发 □市场推广	
领款方式	现金（　）　工资卡（　）		卡号		
结算方式	网上纳税申报		转账付讫		
供应商全称	北京市创新示范区税务局		供应商开户银行及账号		
款项用途	缴纳2020年11月税费				
报销金额	（大写）贰拾叁万肆仟玖佰叁拾捌元整			（小写）￥234938.00	

批准人：李宗生　　审核人：陈月红　　稽核人：王友林　　出纳：万敏　　经手人：万敏12.10

133

转账支票的填写要求如下：

① 出票日期。出票日期必须大写，写法是：零、壹、贰、叁、肆、伍、陆、柒、捌、玖、拾。

- 1月、2月和10月前零字必写，3月至9月前零字可写可不写。11月和12月必须写成壹拾壹月、壹拾贰月（前面多写了零也认可，如零壹拾壹月）。
- 1日至9日和10日、20日和30日的，前零字必写，11日至19日必须写成壹拾×日（前面多写了"零"字也认可，如零壹拾伍日），21日至29日必须写成贰拾×日，31日必须写成叁拾壹日。

② 收款人。应填写对方单位在开户银行预留印鉴的名称。

③ 人民币（大写）。写法是：零、壹、贰、叁、肆、伍、陆、柒、捌、玖、亿、万、仟、佰、拾、整（正）。

业务 11 实习成果

支出报销单的相关知识可参见附表 2.1 的背面。

附表12.2

中 华 人 民 共 和 国
税收电子缴款书

登记注册类型： 有限责任公司　　　　填发日期：2020年12月10日　税务机关：国家税务总局北京市税务局

纳税人识别号	91110041026282	23368	纳税人名称	北京市蓝梦电器有限公司		
地　址	北京市创新示范区林萃路12号（自主申报）					
税　种	品名名称	课税数量	计税金额或销售收入	税率或单位税额	税款所属时间	已缴或扣除额	实缴税额
增值税					2020-11-01至2020-11-30	0.00	213580.00
城市维护建设税					2020-11-01至2020-11-30	0.00	14950.60
教育费附加					2020-11-01至2020-11-30	0.00	6407.40
金额合计	（大写）贰拾叁万肆仟玖佰叁拾捌元整						234938.00
税务机关（盖章）	代征单位（盖章）		填票人 网上申报		备注		

（国家税务总局北京市税务局电子缴章）

妥　善　保　管

【业务13】

附表13.1

支出借款单

申请部门：采购部　　　　2020年12月11日　　　　附单据　1　张

借支人	李星	电话		员工号	
借支性质	现金（　）		转账（✓）	其他（　　　）	
供应商全称	北京市佳美贸易有限公司		供应商开户银行及账号	中国工商银行北京市林萃路支行 0102000210603605681	借支人收执
结算方式	网上银行转账汇款　　【现金付讫】				
借支理由	购买漆包铜线，预付货款（合同号2020121004）				
申请金额	（大写）壹拾万元整			（小写）¥100000.00	

批准人：齐进　李东生　审核人：陈月红　稽核人：王友林　出纳：万敏　领款人/借支人：李星 12.11

税收电子缴款书是指在纳税人进行网上纳税申报时，由税务机关审核开具的完税证明。

业务 12 实习成果

在实际工作中，单位职工会因某些事务需要到财会部门借款，这时就需要填写借款单了。大多数单位使用的借款单为单联式借款单，即发生借款时，凭借款单入账；还款或报销时，凭取得的发票或开出的收据冲抵借款，不需要退还借款单。

单位职工可以办理借款的范围有：根据购销合同约定预付供应商货款；因公出差需要借支的款项；零星采购所需的款项；经财会部门核准可周转使用的周转金、备用金；其他因业务需用必须预借的款项。

附录　业务单据及指导

附表13.2

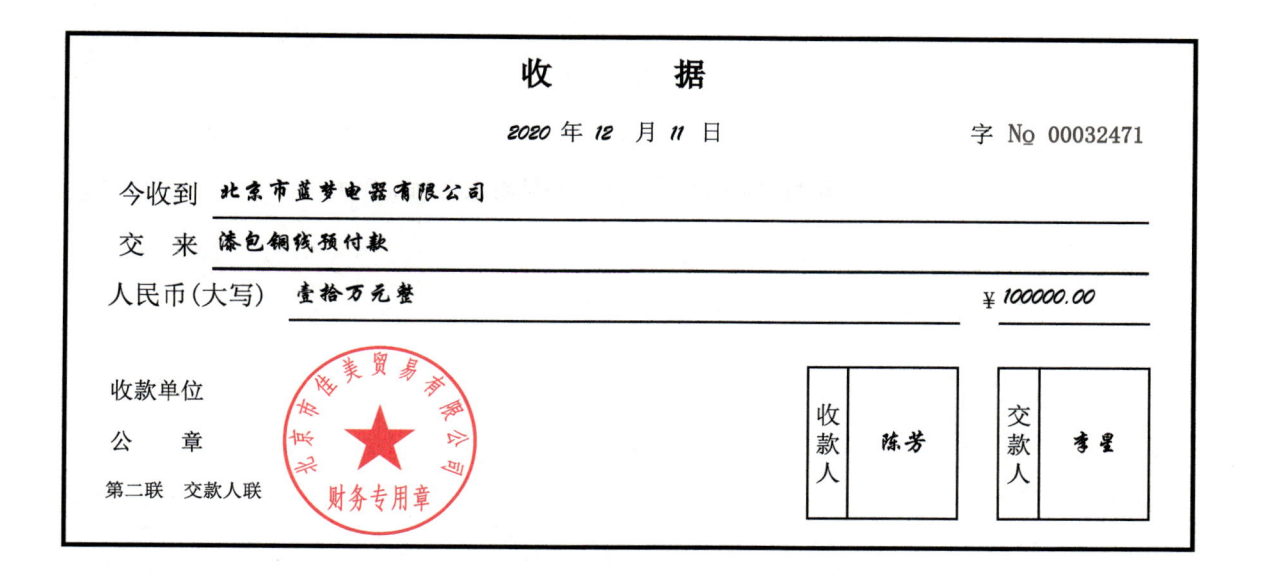

收　据

2020 年 12 月 11 日　　　　　字 № 00032471

今收到　北京市蓝梦电器有限公司

交　来　漆包铜线预付款

人民币(大写)　壹拾万元整　　　　　￥ 100000.00

收款单位公章　（北京市佳美贸易有限公司 财务专用章）

第二联　交款人联

收款人：陈芳　　交款人：李星

附表13.3

中国工商银行　　网上银行电子回单

电子回单号码：0121-8428-5381-6113

回单类型	境内汇款		指令序号	0802020000581002004 39554064
付款人	户　名	北京市蓝梦电器有限公司	收款人 户　名	北京市佳美贸易有限公司
	账　号	0102000108808103625	账　号	0102000210603605681
	银　行	中国工商银行北京市林萃路支行	银　行	中国工商银行北京市林萃路支行
	地　区	北京	地　区	北京
币　种	人民币		钞汇标志	钞
金　额	100000.00元		手续费	0.00元
合　计	人民币（大写）：壹拾万元整			
交易时间	2020年12月11日10时15分		时间戳	2020-12-11-10.15.02.117041
	附言：预付货款			
	验证码：HRL2UWWR165SJ8HI9XM3AFDPLU/			

（中国工商银行 电子回单专用章）

本回单打印次数：　1次　　　　　打印日期：　2020年12月11日

复写收据的相关知识可参见附表 7.2 的背面。

网上银行电子回单的相关知识可参见附表 3.3 的背面。

业务 13 实习成果

【业务14】

附表14.1

重收款通知单
2020 年 12 月 11 日

付款人全称	郑州市国华实业有限公司		
结算方式	网上银行转账汇票		
开户银行	中国工商银行郑州市北城支行		
账号	0102000801510608803		
金额（大写）	叁拾叁万玖仟元整	小写¥：	339000.00
原因	归还2020年10月26日货款（合同号：2020101801）		
备注			

主管领导 李宗生　　　　部门领导 祝庆宇　　　　经办人 袁飞 12.11

附表14.2

收　据
2020 年 12 月 10 日　　　　　字 №1002623

今收到　郑州市国华实业有限公司
交　来　前欠货款（合同号：2020101801）
人民币(大写)　叁拾叁万玖仟元整　　　　￥339000.00

收款单位
公　　章
第三联　记账联

收款人：万敏　　　交款人：洪鑫

收款通知单与付款通知单对应，是专门用于明确各项资金收入来源的单据。经办人员在发生收款业务时需要提交收款通知单，便于财会部门确认收入的具体项目。如果遇到购买方未及时结算的货款重新收回时，经办人员就要填写重收款通知单了。

复写收据的相关知识可参见附表7.2的背面。

附录　业务单据及指导

附表14.3

中国工商银行　　网上银行电子回单

电子回单号码：0713-0418-3081-1309

	回单类型	境内汇款		指令序号	0301020000751002000435498056
付款人	户名	郑州市国华实业有限公司	收款人	户名	北京市蓝梦电器有限公司
	账号	0102000801510608803		账号	0102000108808103625
	银行	中国工商银行郑州市北城支行		银行	中国工商银行北京市林萃路支行
	地区	郑州		地区	北京
	币种	人民币		钞汇标志	钞
	金额	339000.00元		手续费	0.00元
	合计	人民币（大写）：叁拾叁万玖仟元整			
	交易时间	2020年12月10日10时57分		时间戳	2020-12-10-10.58.02.121704
（中国工商银行 电子回单专用章）	附言：归还货款（合同号：2020101801）				
	验证码：Z1L0UxxR365SJ7HI9VMhAFDPLi=				

本回单打印次数：　1次　　　　　　　　　　　　　　打印日期：　2020年12月10日

【业务15】

附表15.1

开具发票通知单
2020年12月15日

发票抬头	北京市永丰批发商贸有限公司
税号	911100142755342066
经营地址	北京市苏家坨路2号
财务联系电话	010-62522560
开户银行	中国工商银行北京市上地支行
开户账号	0102000110828508136
开票内容	落地风扇（于11月28日预收300000.00元）
金额	大写 伍拾贰万元整　　　￥520000.00（不含税）
发票种类	□ 普通票　　　　　☑ 专用票
发票张数	1　　　　经办人　　袁飞 12.15

财务主管审批：王友林　　　　　　主管领导审批：祝庆宇　李东生

注：开具专用发票，必须提供对方全部纳税备案信息；开具普通发票，必须提供对方税号。

网上银行电子回单的相关知识可参见附表 3.3 的背面。

业务 14 实习成果

开具发票通知单的相关知识可参见附表 9.1 的背面。

附表15.2

北京增值税专用发票　　No 00011922

1100209130　　　　　　　　　　　　　　　　　　　1100209130
　　　　　　　此联不作报销、扣税凭证使用　　　　　00011922
　　　　　　　　　　　　　　　　　　　　　开票日期：　年　月　日

购买方	名　　　称：				密码区	2+1/3-6/1-3＜0＜9-*04+3*688-1 9-0-*71/3-01>2＞12/5/6-2*121 ＜3+8*48+5-2++1*/52//5＜3-*0 0*2713＞452*68+3*1*＞＜25-09/1
	纳税人识别号：					
	地　址、电话：					
	开户行及账号：					

货物或应税劳务、服务名称	规格型号	单位	数量	单价	金额	税率	税额
合计							

价税合计（大写）		（小写）

销售方	名　　　称：		备注	
	纳税人识别号：			
	地　址、电话：			
	开户行及账号：			

收款人：　　　　　复核：　　　　　开票人：　　　　　销售方：（章）

第一联：记账联　销售方记账凭证

附表15.3

销售发货单

2020 年 12 月 14 日　　　　　运输方式：送货上门

购买方：北京市永丰批发商贸有限公司　　　　　编号：F202

产品名称	计量单位	数量	单价	金额	备注
落地风扇	台	1000	520.00	520000.00	不含税
合　　计				520000.00	

仓库主管：陈达　　仓库保管员：周红　　会计：　　　　经手人：袁飞

第三联　记账联

增值税专用发票的相关知识及填写方法可参见附表2.2、附表2.3和附表9.5的背面。

销售发货单的相关知识可参见附表9.6的背面。
增值税专用发票的相关知识及填写方法可参见附表2.2、附表2.3和附表9.5的背面。

附表15.4

产品出库单

2020 年 12 月 14 日　　　　　　　　　　　　　　　　第 C02 号

名称	编号	单位	数量	单价	金额									用途或原因
					百	十	万	千	百	十	元	角	分	
落地风扇	K12#	台	1000											销售出库
合　　计														

第三联　记账联

仓库主管：陈达　　　会计：　　　　检验员：王峰　　仓库保管员：周红　　经手人：袁飞

附表15.5

中国工商银行　　网上银行电子回单

电子回单号码：0032-7428-2381-0119

回单类型	境内汇款		指令序号	0302020000731002000435499064
付款人	户　名	北京市永丰批发商贸有限公司	收款人	户　名	北京市蓝梦电器有限公司
	账　号	0102000110828508136		账　号	0102000108808103625
	银　行	中国工商银行北京市上地支行		银　行	中国工商银行北京市林萃路支行
	地　区	北京		地　区	北京
币　种	人民币		钞汇标志	钞
金　额	287600.00元		手续费	0.00元
合　计	人民币（大写）：贰拾捌万柒仟陆佰元整			
交易时间	2020年12月14日16时27分		时间戳	2020-12-14-16.28.02.521704
（中国工商银行电子回单专用章）	附言：补付落地风扇货款			
	验证码：BIL2UYYR365SJ8HI9VMBAFDPLU+			

本回单打印次数：　1次　　　　　　　　　打印日期：　2020年12月14日

产品出库单的相关知识可参见附表 9.7 的背面。

网上银行电子回单的相关知识可参见附表 3.3 的背面。

业务 15 实习成果

附录　业务单据及指导

【业务16】

附表16.1

支出报销单

申请部门：财务部　　　　2020 年 12 月 15 日　　　　附单据 3 张

经手人	万敏		电话		员工号	
报销性质	现金（　）	银行转账（✓）	支出性质	☑日常管理　☑生产　☑研发　☑市场推广		
领款方式	现金（　）	工资卡（　）	卡号			
结算方式	手机银行转账汇款					
供应商全称	北京市自来水集团有限责任公司		供应商开户银行及账号	中国工商银行北京市宣武西大街支行 0102000801052310886		
款项用途	水费充值					
报销金额	（大写）捌仟贰佰捌拾肆元整			（小写）¥8284.00		

批准人：李宗生　　审核人：陈月红　　稽核人：王友林　　出纳：万敏　　经手人：万敏 12.15

（转账付讫）

附表16.2

北京增值税专用发票　　No 04146162

1100209130　　04146162

校验码 05161 80431 68610 31136　　开票日期：2020年12月15日

购买方	名　称：北京市蓝梦电器有限公司 纳税人识别号：911100410262823368 地址、电话：北京市创新示范区林萃路12号 010-62201512 开户行及账号：中国工商银行北京市林萃路支行0102000108808103625	密码区	2<0+1*3-61/-3<9-*04+5*808-1 00*71/39-12>1225/6-2*121-01 -2+8*48+56+<310/52//5<3-*0 0271**13>452*68+3*><25-09/1

货物或应税劳务、服务名称	规格型号	单位	数量	单价	金　额	税率	税　额
*供水*非居民		立方米	800	9.5000	7600.00	9%	684.00
合计					¥7600.00		¥684.00
价税合计（大写）	⊗捌仟贰佰捌拾肆圆整				（小写）¥8284.00		

销售方	名　称：北京市自来水集团有限责任公司 纳税人识别号：9111000680M6923223 地址、电话：北京市西城区宣武门西大街甲121号 96116 开户行及账号：中国工商银行北京市宣武西大街支行0102000801052310886	备注	

收款人：　　　　复核：　　　　开票人：　　　　销售方：（章）

支出报销单的相关知识可参见附表2.1的背面。

增值税专用发票的相关知识可参见附表2.2和附表2.3的背面。

附录　业务单据及指导

附表16.3

		北京增值税专用发票		No 04146162	1100209130	
	1100209130				04146162	
	校验码 05161 80431 68610 31136				开票日期：2020年12月15日	

购买方	名　称：	北京市蓝梦电器有限公司	密码区	2＜0＋1＊3−61/−3＜9−＊04＋5＊808−1 00＊71/39−12＞1225/6−2＊121−01 −2＋8＊48＋56＋＜310/52//5＜3−＊0 0271＊＊13＞452＊68＋3＊＞＜25−09/1
	纳税人识别号：	911100410262823368		
	地　址、电话：	北京市创新示范区林萃路12号010-62201512		
	开户行及账号：	中国工商银行北京市林萃路支行0102000108808103625		

货物或应税劳务、服务名称	规格型号	单位	数量	单价	金额	税率	税额
*供水*非居民		立方米	800	9.5000	7600.00	9%	684.00
合计					¥7600.00		¥684.00

价税合计（大写）	⊗捌仟贰佰捌拾肆圆整	（小写）¥8284.00

销售方	名　称：	北京市自来水集团有限责任公司	备注	（销售方章：北京市自来水集团有限责任公司 发票专用章 9111000680M6923223）
	纳税人识别号：	9111000680M6923223		
	地　址、电话：	北京市西城区宣武门西大街甲121号96116		
	开户行及账号：	中国工商银行北京市宣武西大街支行0102000801052310886		

收款人：　　　　　复核：　　　　　开票人：　　　　　销售方：（章）

第三联：发票联 购买方记账凭证

附表16.4

中国工商银行　　网上银行电子回单

电子回单号码：1716-4118-0281-5305

	回单类型	境内汇款		指令序号	05010200005810020043 8498053
付款人	户　名	北京市蓝梦电器有限公司	收款人	户　名	北京市自来水集团有限责任公司
	账　号	0102000108808103625		账　号	0102000801052310886
	银　行	中国工商银行北京市林萃路支行		银　行	中国工商银行北京市宣武西大街支行
	地　区	北京		地　区	北京
	币　种	人民币		钞汇标志	钞
	金　额	8284.00元		手续费	0.00元
	合　计	人民币（大写）捌仟贰佰捌拾肆元整			
	交易时间	2020年12月15日14时07分		时间戳	2020-12-15-14.08.02.217041
（中国工商银行电子回单专用章）	附言：非居民用水				
	验证码：F1L0UxxR305SJ7HI9VJhAFDQLi+				

本回单打印次数：　1次　　　　打印日期：　2020年12月15日

增值税专用发票的相关知识可参见附表 2.2 和附表 2.3 的背面。

网上银行电子回单的相关知识可参见附表 3.3 的背面。

业务 16 实习成果

附录　业务单据及指导

【业务17】

附表17.1

支出报销单

申请部门：财务部　　　　　2020 年 12 月 15 日　　　　　附单据　3　张

经手人	万敏		电话		员工号	
报销性质	现金（　）	银行转账（✓）		支出性质	☑日常管理　☑生产　☑研发　☑市场推广	
领款方式	现金（　）	工资卡（　）		卡号		
结算方式	网上缴费					
供应商全称	国网北京市电力公司		供应商开户银行及账号	中国工商银行北京市大栅栏支行 0200002109003400312		
款项用途	电费充值					
报销金额	（大写）陆万柒仟捌佰元整			（小写）￥67800.00		

（盖章：转账付讫）

批准人：李宗生　　审核人：陈月红　　稽核人：王友林　　出纳：万敏　　经手人：万敏 12.15

附表17.2

北京增值税专用发票

1100209130　　　　　　　　　　　　　　　　　　　　　　　　　　　1100209130
No 30513615　　　　　　　　　　　　　　　　　　　　　　　　　　　30513615

校验码 05761 00731 60610 91136　　　　　　　　开票日期：2020年12月15日

购买方	名　　称：	北京市蓝梦电器有限公司	密码区	+1*3-61/-32<0<9-*04+58-1*80 00*71/39-01-12>1225/6-2*121 +8*48+5-26+<32/10/5/5<3-*0 02713>452*68+3**1<25-09/1*>
	纳税人识别号：	911100410262823368		
	地址、电话：	北京市创新示范区林萃路12号010-62201512		
	开户行及账号：	中国工商银行北京市林萃路支行0102000108808103625		

货物或应税劳务、服务名称	规格型号	单位	数量	单价	金　额	税率	税　额
*供电*销售电量		千瓦时			60000.00	13%	7800.00
合计					￥60000.00		￥7800.00
价税合计（大写）	⊗陆万柒仟捌佰圆整					（小写）￥67800.00	

销售方	名　　称：	国网北京市电力公司	备注	(盖章：国网北京市电力公司 911100008013656325 发票专用章)
	纳税人识别号：	911100008013656325		
	地址、电话：	北京市新华大街甲92号010-63666287		
	开户行及账号：	中国工商银行北京市大栅栏支行0200002109003400312		

收款人：　　　　　复核：　　　　　开票人：　　　　　销售方：（章）

第二联：抵扣联　购买方扣税凭证

支出报销单的相关知识可参见附表2.1的背面。

增值税专用发票的相关知识可参见附表2.2和附表2.3的背面。

附表17.3

北京增值税专用发票 发票联 No 30513615

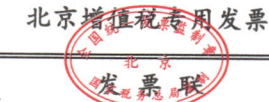

1100209130
校验码 05761 00731 60610 91136
开票日期：2020年12月15日

购买方	名称：	北京市蓝梦电器有限公司	密码区	+1*3-61/-32<0<9-*04+58-1*80 00*71/39-01-12>1225/6-2*121 +8*48+5-26+<32/10/5/5<3-*0 02713>452*68+3**1<25-09/1*>
	纳税人识别号：	911100410262823368		
	地址、电话：	北京市创新示范区林萃路12号010-62201512		
	开户行及账号：	中国工商银行北京市林萃路支行0102000108808103625		

货物或应税劳务、服务名称	规格型号	单位	数量	单价	金额	税率	税额
*供电*销售电量		千瓦时			60000.00	13%	7800.00
合计					¥60000.00		¥7800.00

价税合计（大写） ⊗陆万柒仟捌佰圆整   （小写）¥67800.00

销售方	名称：	国网北京市电力公司	备注	（发票专用章）
	纳税人识别号：	911100008013656325		
	地址、电话：	北京市新华大街甲92号010-63666287		
	开户行及账号：	中国工商银行北京市大栅栏支行0200002109003400312		

收款人：　　　　　复核：　　　　　开票人：　　　　　销售方：（章）

附表17.4

中国工商银行　网上银行电子回单

电子回单号码：1162-4138-5288-1309

回单类型	境内汇款		指令序号	0301020000781002006384780 53
付款人	户名	北京市蓝梦电器有限公司	收款人	户名	国网北京市电力公司
	账号	0102000108808103625		账号	0200002109003400312
	银行	中国工商银行北京市林萃路支行		银行	中国工商银行北京市大栅栏支行
	地区	北京		地区	北京
币种	人民币		钞汇标志	钞
金额	67800.00元		手续费	0.00元
合计	人民币（大写）：陆万柒仟捌佰元整			
交易时间	2020年12月15日14时10分		时间戳	2020-12-15-14.11.02.217047
附言：				
验证码：F1L0UxxR30ASJ7HI9VJhAFKQLi=				

本回单打印次数：　1次　　　　打印日期：　2020年12月15日

增值税专用发票的相关知识可参见附表 2.2 和附表 2.3 的背面。

网上银行电子回单的相关知识可参见附表 3.3 的背面。

业务 17 实习成果

附录　业务单据及指导

【业务18】

附表18.1

重收款通知单
2020 年 12 月 16 日

付款人全称	北京市华成餐饮服务有限公司	
结算方式	网上银行转账汇款	
开户银行	中国工商银行北京市大华支行	
账号	0102008210803605081	
金额（大写）	贰拾贰万陆仟元整	小写¥：226000.00
原因	收回华成前欠货款	
备注		

主管领导 李宗生　　　　部门领导 祝庆宇　　　　经办人 袁飞 12.16

附表18.2

中国工商银行　　网上银行电子回单

电子回单号码：0102-3428-7381-5113

回单类型		境内汇款		指令序号	08020200005810020043955 4064
付款人	户名	北京市华成餐饮服务有限公司	收款人	户名	北京市蓝梦电器有限公司
	账号	0102008210803605081		账号	0102000108808103625
	银行	中国工商银行北京市大华支行		银行	中国工商银行北京市林萃路支行
	地区	北京		地区	北京
币种		人民币	钞汇标志		钞
金额		226000.00元	手续费		0.00元
合计		人民币（大写）贰拾贰万陆仟元整			
交易时间		2020年12月16日15时17分	时间戳		2020-12-16-15.18.02.217041
附言：归还货款					
验证码：HIL2UWWR365SJ8HI9XMBAFDPLU*					

本回单打印次数：　1次　　　　　　　　　　打印日期：　2020年12月16日

重收款通知单的相关知识可参见附表 14.1 的背面。

网上银行电子回单的相关知识可参见附表 3.3 的背面。

附表18.3

收　据

2020 年 12 月 16 日　　　　　　　字 № 0018823

今收到　北京市华成餐饮服务有限公司

交　来　前欠货款（合同号：2020101801）

人民币(大写)　贰拾贰万陆仟元整　　　¥ 226000.00

收款单位
公　　章
第三联　记账联

收款人：万敏　　交款人：卢新梅

【业务19】

附表19.1

领　料　单

仓库：材料库　　　2020 年 12 月 16 日　　　编号：L1203

编号	类别	材料名称	规格	单位	数量 请领	数量 实发	实际成本 单价	实际成本 金额
		冷板钢材		千克	20000	20000		

用途：生产车间生产风扇

领料部门		发料部门	
负责人	领料人	核准人	发料人
李立	刘斌	陈达	周红

第三联　记账联

复写收据的相关知识可参见附表 7.2 的背面。

业务 18 实习成果

领料单的相关知识可参见附表 1.1 的背面。

附表19.2

领 料 单

仓库：材料库　　　　　2020 年 12 月 16 日　　　　　编号：L1204

编号	类别	材料名称	规格	单位	数　　量		实际成本	
					请领	实发	单价	金额
		漆包铜线		千克	20000	20000		
用途		生产车间生产风扇			领料部门		发料部门	
					负责人	领料人	核准人	发料人
					李立	刘斌	陈达	周红

第三联　记账联

附表19.3

领 料 单

仓库：材料库　　　　　2020 年 12 月 16 日　　　　　编号：L1205

编号	类别	材料名称	规格	单位	数　　量		实际成本	
					请领	实发	单价	金额
		漆包铜线		千克	1000	1000		
用途		办公室领用			领料部门		发料部门	
					负责人	领料人	核准人	发料人
					梁天一	王薇	陈达	周红

第三联　记账联

领料单的相关知识可参见附表 1.1 的背面。

领料单的相关知识可参见附表 1.1 的背面。

业务 19 实习成果

附录　业务单据及指导

【业务20】

附表20.1

支出报销单

申请部门：采购部　　　　　　2020 年 12 月 18 日　　　　　　附单据　1　张

经手人	李星	电话		员工号	
报销性质	现金（　）　　银行转账（✓）		支出性质	□日常管理　☑生产□研发□市场推广	
领款方式	现金（　）　　工资卡（　）		卡号	转账付讫	
结算方式	网上银行转账汇款（于11月28日预付300000.00元，需补付79680.00元，合同号2020112801）				
供应商全称	北京市长丰电缆公司		供应商开户银行及账号	中国工商银行北京市长安支行 0102003185086012802	
款项用途	购买漆包铜线				
报销金额	（大写）叁拾柒万玖仟陆佰捌拾元整			（小写）¥379680.00	

批准人：齐进 李宗生　　审核人：陈月红　　稽核人：王友林　　出纳：万敏　　经手人：李星12.18

附表20.2

北京增值税专用发票

1100209130　　　　　　　　　　　　　　　　　　　　　No 24046161　　　　1100209130

24046161

校验码 12116 43441 70810 21336　　　　　　　　　　　　　　　　开票日期：2020年12月18日

购买方	名　　称：	北京市蓝梦电器有限公司	密码区	+1*3-64/-32<0<9-+5*88*048-1 00*71/39-12-01>1225/6-2*121 +8*48+5-26+<310/52/5<3-*0/0 0271>452*68+3**1*<25-09/1
	纳税人识别号：	911100410262823368		
	地址、电话：	北京市创新示范区林萃路12号010-62201512		
	开户行及账号：	中国工商银行北京市林萃路支行0102000108808103625		

货物或应税劳务、服务名称	规格型号	单位	数量	单价	金额	税率	税额
*电线电缆*漆包铜线		千克	13228	25.4000	336000.00	13%	43680.00
合计					¥336000.00		¥43680.00

价税合计（大写）	⊗叁拾柒万玖仟陆佰捌拾圆整	（小写）¥379680.00

销售方	名　　称：	北京市长丰电缆公司	备注	（发票专用章 911101100278993266）
	纳税人识别号：	911101100278993266		
	地址、电话：	北京市长安路3号010-60982766		
	开户行及账号：	中国工商银行北京市长安支行0102003185086012802		

收款人：杨文文　　　复核：秦月　　　开票人：方卉　　　销售方：（章）

支出报销单的相关知识可参见附表2.1的背面。

增值税专用发票的相关知识可参见附表2.2和附表2.3的背面。

附录　业务单据及指导

附表20.3

北京增值税专用发票

1100209130　　　　　　　　　　　　　No 24046161　　　　　　1100209130
　　　　　　　　　　　　　　　　　　　发票联　　　　　　　　　24046161
校验码 12116 43441 70810 21336　　　　　　　　　　　开票日期：2020年12月18日

购买方	名　称	北京市蓝梦电器有限公司	密码区	+1*3-64/-32<0<9-+5*88*048-1 00*71/39-12-01>1225/6-2*121 +8*48+5-26+<310/52/5<3-*0/0 0271>452*68+3**1*<25-09/1
	纳税人识别号	911100410262823368		
	地址、电话	北京市创新示范区林萃路12号010-62201512		
	开户行及账号	中国工商银行北京市林萃路支行0102000108808103625		

货物或应税劳务、服务名称	规格型号	单位	数量	单价	金额	税率	税额
*电线电缆*漆包铜线		千克	13228	25.4000	336000.00	13%	43680.00
合计					¥336000.00		¥43680.00

价税合计（大写）	⊗叁拾柒万玖仟陆佰捌拾圆整	（小写）¥379680.00

销售方	名　称	北京市长丰电缆公司	备注	
	纳税人识别号	911101100278993266		
	地址、电话	北京市长安路3号010-60982766		
	开户行及账号	中国工商银行北京市长安支行0102003185086012802		

收款人：杨文文　　复核：秦月　　开票人：方卉　　销售方：（章）

附表20.4

收 料 单

发票号码：24046161
销售方：北京市长丰电缆公司　　　　　　　　　　　　收料单编号：S00011009
材料类别：主要材料　　　2020年12月18日　　　　　收料仓库：11货位

编号	名称	规格	单位	数量		实际成本				备注
				应收	实收	买价		运杂费	其他	合计	
						单价	金额				
	漆包铜线		千克	13228	13228						

仓库主管：陈达　　采购员：袁飞　　检验员：王峰　　记账员：　　仓库保管员：周红

增值税专用发票的相关知识可参见附表 2.2 和附表 2.3 的背面。

收料单的相关知识可参见附表 2.5 的背面。

附表20.5

中国工商银行　　网上银行电子回单

电子回单号码：0432-1418-0381-1109

回单类型	境内汇款			指令序号	03020200007310020043549905 1
付款人	户名	北京市蓝梦电器有限公司	收款人	户名	北京市长丰电缆公司
	账号	0102000108808103625		账号	0102003185086012802
	银行	中国工商银行北京市林萃路支行		银行	中国工商银行北京市长安支行
	地区	北京		地区	北京
币种	人民币		钞汇标志	钞	
金额	79680.00元		手续费	0.00元	
合计	人民币（大写）：柒万玖仟陆佰捌拾元整				
交易时间	2020年12月18日11时07分		时间戳	2020-12-18-11.08.02.521704	
附言：补付漆包铜线货款					
验证码：BBLOUYYR365SJ7HI9VMBAFDPL/=					

（中国工商银行电子回单专用章）

本回单打印次数：　1次　　　　　　　　打印日期：　2020年12月18日

【业务21】

附表21.1

支出报销单

申请部门：后勤保障部　　　　2020年12月21日　　　　附单据　4　张

经手人	陈达		电话		员工号	
报销性质	现金（　）	银行转账（✓）	支出性质	□日常管理 ☑生产 □研发 □市场推广		
领款方式	现金（　）	工资卡（　）	卡号	转账付讫		
结算方式	支付宝转账汇款（合同号：2020113001）					
供应商全称	北京市凌奇设备制造有限公司		供应商开户银行及账号	中国工商银行北京市清河支行 0102051330180445603		
款项用途	购买成型机					
报销金额	（大写）壹拾玖万贰仟壹佰元整			（小写）¥192100.00		

批准人：李东生　　审核人：陈月红　　稽核人：王友林　　出纳：万敏　　经手人：陈达12.21

网上银行电子回单的相关知识可参见附表 3.3 的背面。

[QR码]
业务 20 实习成果

支出报销单的相关知识可参见附表 2.1 的背面。

附录 业务单据及指导

附表21.2

北京增值税专用发票 抵扣联

发票号码：1100209130
No 01381478
校验码：01026 21134 02790 26113
开票日期：2020年12月21日

购买方：
- 名称：北京市蓝梦电器有限公司
- 纳税人识别号：911100410262823368
- 地址、电话：北京市创新示范区林萃路12号 010-62201512
- 开户行及账号：中国工商银行北京市林萃路支行 0102000108803103625

密码区：
<0+1*3-64/-32<9-*04+5*888-1
01/39--0112>1225/6-2*1210*7
5-2+8*48+6+<310/52//5<3-*00
023>452*68+3*71*1*><25-09/1

货物或应税劳务、服务名称	规格型号	单位	数量	单价	金额	税率	税额
*非金属相关成型、加工机械*成型机		套	1	170000.0000	170000.00	13%	22100.00
合计					¥170000.00		¥22100.00

价税合计（大写）：⊗壹拾玖万贰仟壹佰圆整　（小写）¥192100.00

销售方：
- 名称：北京市凌奇设备制造有限公司
- 纳税人识别号：911100230836462282
- 地址、电话：北京市清河路7号 010-62232588
- 开户行及账号：中国工商银行北京市清河支行 0102051330180445603

收款人：林正　复核：王晓光　开票人：杨芬　销售方：（章）

第二联：抵扣联　购买方扣税凭证

附表21.3

北京增值税专用发票 发票联

发票号码：1100209130
No 01381478
校验码：01026 21134 02790 26113
开票日期：2020年12月21日

购买方：
- 名称：北京市蓝梦电器有限公司
- 纳税人识别号：911100410262823368
- 地址、电话：北京市创新示范区林萃路12号 010-62201512
- 开户行及账号：中国工商银行北京市林萃路支行 0102000108808103625

密码区：
<0+1*3-64/-32<9-*04+5*888-1
01/39--0112>1225/6-2*1210*7
5-2+8*48+6+<310/52//5<3-*00
023>452*68+3*71*1*><25-09/1

货物或应税劳务、服务名称	规格型号	单位	数量	单价	金额	税率	税额
*非金属相关成型、加工机械*成型机		套	1	170000.0000	170000.00	13%	22100.00
合计					¥170000.00		¥22100.00

价税合计（大写）：⊗壹拾玖万贰仟壹佰圆整　（小写）¥192100.00

销售方：
- 名称：北京市凌奇设备制造有限公司
- 纳税人识别号：911100230836462282
- 地址、电话：北京市清河路7号 010-62232588
- 开户行及账号：中国工商银行北京市清河支行 0102051330180445603

收款人：林正　复核：王晓光　开票人：杨芬　销售方：（章）

第三联：发票联　购买方记账凭证

增值税专用发票的相关知识可参见附表2.2和附表2.3的背面。

增值税专用发票的相关知识可参见附表2.2和附表2.3的背面。

附表21.4

```
            凌奇旗舰店
          -192100.00
              交易成功

                    除静电除尘成型机台式 >

   付款方式              中国工商银行 >
   收货地址     北京-北京市-创新示范区-林萃路12号
   物流信息                      已发货 >
   创建时间              2020-11-30-15:45
   订单号        20201130154501196651416746027
   商家订单号      T200P13703264981365246 69
```

附表21.5（1）

固定资产卡片   第　号

资产类别	通用设备	生产厂家	北京市凌奇设备制造有限公司	资金来源	
编　号		出厂编号		购置日期	2020-11-30
名　称	成型机	出厂日期	2020-11-30	安装日期	2020-12-20
型　号		使用部门	生产车间	开始使用日期	2020-12-21
技术特征		存放地点	生产车间	建卡日期	2020-12-21
项　　目		折　　旧		折　　旧	
资产原值		年份 / 摊提额 / 累计额		年份 / 摊提额 / 累计额	
改装或添置价值					
预计残值	1000.00				
预计清理费用					
预计使用年限	5年				
已使用年限					
尚可使用年限					
折旧方法		原价变动记录			
		日期 / 增加 / 减少		变动后记录 / 变动原因	
年:基本折旧率	0.80%				
年:基本折旧率					

支付宝交易账单的相关知识可参见附表 2.4 的背面。

附表21.5（2）

固定资产卡片

附属设备					设备移动记录			
名　称	规　格	单　位	数　量	购置价值	移交日期	凭证编号	移出部门	移入部门
					大修理工程完工记录			
					日期	凭证	工程内容	工程价值	完工日期	备注
清理（报废）记录								
申请报废日期		已提折旧						
报废单编号		清理费用						
批准文号		变价收入						
原　　值		清理差额						
报废原因及处理情况				其他说明				

附表21.6

固定资产验收（交接）单

发票号码：01381478　　　　　　　2020 年 12 月 21 日

固定资产名称	型号	单位	数量	价值	预计使用年限
成型机	TY25	套	1	170000.00	5
技术特征					
附属物					
建造单位	北京市凌奇设备制造有限公司		出厂或建成时间	2020.11	
安装单位	北京市凌奇设备制造有限公司		安装完工时间	2020.12	
			其中：安装费		
移交部门	后勤保障部		接受部门	生产车间	
移交部门负责人签字	陈达		接受部门负责人签字	李政	

【业务22】

附表22

支出借款单

申请部门：采购部　　　　　2020 年 12 月 22 日　　　　　附单据　　张

借支人	李星	电话		员工号	
借支性质	现金（✓）	转账（　）		其他（　　　）	
供应商全称		供应商开户银行及账号			
结算方式	现金付讫				
借支理由	招待客户买水果等				
申请金额	（大写）叁仟伍佰元整			（小写）¥3500.00	

批准人：齐进 李东生　　审核人：陈月红　　稽核人：王友林　　出纳：万敏　　领款人/借支人：李星 12.22

固定资产验收（交接）单是企业记录外购、自建等形式增加的固定资产内部自制原始单据。

外购或自建固定资产完成时，应填制一式多联的"固定资产验收（交接）单"，详细填明固定资产的各项内容，并经固定资产验收组验收同意，单位负责人和管理部门签章后，一联送交固定资产管理部门据以开具固定资产卡片，一联交财会部门据以记账。

业务 21 实习成果

支出借款单的相关知识可参见附表 13.1 的背面。

业务 22 实习成果

【业务23】

附表23.1

产品入库单

2020 年 12 月 24 日　　　　　　　　　第 R03 号

名称	编号	单位	数量	单价	金额									备注
					百	十	万	千	百	十	元	角	分	
台式风扇	K11#	台	1500											
合　　计														

第三联　记账联

仓库主管：陈达　　　会计：　　　检验员：王峰　　仓库保管员：周红　　经手人：李立

附表23.2

产品入库单

2020 年 12 月 24 日　　　　　　　　　第 R04 号

名称	编号	单位	数量	单价	金额									备注
					百	十	万	千	百	十	元	角	分	
落地风扇	K12#	台	1800											
合　　计														

第三联　记账联

仓库主管：陈达　　　会计：　　　检验员：王峰　　仓库保管员：周红　　经手人：李立

产品入库单的相关知识可参见附表6.1的背面。

产品入库单的相关知识可参见附表6.1的背面。

业务 23 实习成果

【业务24】

附表24.1

支票领用申请单

2020 年 12 月 25 日

部门	财务部	支票名称	现金支票
收款单位	本单位	支票号码	
支票用途	职工零星报销		
支票金额	人民币（大写）伍仟元整		￥5000.00
备注：			
领导批示	同意。李宗生	财务主管 同意。王友林	部门主管 王友林

会计：陈月红　　　　　　出纳：万敏　　　　　经手人：万敏 12.25

附表24.2

中国工商银行　现金支票存根
10201010
00003100
附加信息
出票日期　年　月　日
收款人：
金额：
用途：
单位主管　会计

中国工商银行　现金支票　　10201010　00003100
出票日期（大写）　年　月　日　　付款行名称：中国工商银行北京市林萃路支行
收款人：　　　　　　　　　　　　出票人账号：0102000108808103625
人民币（大写）　　　　　　　　　亿千百十万千百十元角分
付款期限自出票之日起十天
用途　　　　　　　　　　密码 1567 4652 3618 1036
上列款项请从我账户内支付
出票人签章　　　　　复核　　　　　记账

支票领用申请单的相关知识可参见附表 11.1 的背面。

附表24.2（2）

附加信息：			（贴粘单处）	根据《中华人民共和国票据法》等法律法规的规定，签发空头支票由中国人民银行处以票面金额5%但不低于1000元的罚款。
		收款人签章 年　月　日		
	身份证件名称：	发证机关：		
	号码：			

业务24实习成果

【业务25】

附表25.1

支出报销单

申请部门：财务部　　　　　2020 年 12 月 25 日　　　　附单据　2　张

经手人	万敏		电话		员工号	
报销性质	现金（　）　银行转账（✓）		支出性质		☑日常管理 ☑生产 ☑研发 ☑市场推广	
领款方式	现金（　）　　工资卡（　）		卡号			
结算方式	网上银行转账汇款			转账付讫		
供应商全称	中国工商银行北京市林萃路支行		供应商开户银行及账号			
款项用途	发放工资					
报销金额	（大写）伍拾玖万肆仟零贰拾捌元零玖分				（小写）￥594028.09	

批准人：梁天一　李宋生　　审核人：陈月红　　稽核人：王友林　　出纳：万敏　　经手人：王薇 万敏 12.25

支出报销单的相关知识可参见附表2.1的背面。

附表25.2

工资结算汇总表
2020年12月

部门及姓名	岗位工资	绩效工资	伙食补助	交通补贴	应付工资	个人代扣代缴款项					代扣合计	实发工资
						基本养老保险	基本医疗保险	失业保险	小计	住房公积金	个人所得税		
1 办公室（4人）													
101 李京生	5000.00	3000.00	300.00	500.00	8800.00	704.00	176.00	17.60	897.60	1056.00	55.39	2008.99	6791.01
…													
小计	16800.00	12500.00	1200.00	1700.00	32200.00	2576.00	644.00	64.40	3284.40	3864.00	151.55	7299.95	24900.05
2 财务部（3人）													
201 王友林	3800.00	3500.00	300.00	400.00	8000.00	640.00	160.00	16.00	816.00	960.00	36.72	1812.72	6187.28
…													
小计	10300.00	9700.00	900.00	1080.00	21980.00	1758.40	439.60	43.96	2241.96	2637.60	63.01	4942.57	17037.43
3 市场部（3人）													
301 祝庆宇	3800.00	3500.00	300.00	400.00	8000.00	640.00	160.00	16.00	816.00	960.00	36.72	1812.72	6187.28
…													
小计	10300.00	9700.00	900.00	1080.00	21980.00	1758.40	439.60	43.96	2241.96	2637.60	63.01	4942.57	17037.43
4 采购部（3人）													
401 齐进	3800.00	3500.00	300.00	400.00	8000.00	640.00	160.00	16.00	816.00	960.00	36.72	1812.72	6187.28
…													
小计	10000.00	9700.00	900.00	1080.00	21680.00	1734.40	433.60	43.36	2211.36	2601.60	56.01	4868.97	16811.03
5 后勤保障部（3人）													
501 陈达	3500.00	3500.00	300.00	400.00	7700.00	616.00	154.00	15.40	785.40	924.00	29.72	1739.12	5960.88
…													
小计	9700.00	9700.00	900.00	1080.00	21380.00	1710.40	427.60	42.76	2180.76	2565.60	49.01	4795.37	16584.63
6 生产车间工人（70人）													
601 曹春山	4800.00	4500.00	300.00	400.00	10000.00	800.00	200.00	20.00	1020.00	1200.00	83.40	2303.40	7696.60
…													
小计	237300.00	289500.00	22800.00	23300.00	572900.00	45832.00	11458.00	1145.80	58435.80	68748.00	12021.49	139205.29	433694.71
7 生产车间管理人员（2人）													
701 李政	3500.00	3500.00	300.00	400.00	7700.00	616.00	154.00	15.40	785.40	924.00	29.72	1739.12	5960.88
…													
小计	6500.00	6500.00	600.00	700.00	14300.00	1144.00	286.00	28.60	1458.60	1716.00	33.76	3208.36	11091.64
8 产品研发部（8人）													
801 刘斌	5000.00	5000.00	300.00	380.00	10680.00	854.40	213.60	21.36	1089.36	1281.60	249.27	2620.23	8059.77
…													
小计	34800.00	35400.00	2400.00	2760.00	75360.00	6028.80	1507.20	150.72	7686.72	9043.20	1758.90	18488.82	56871.18
合计（96人）	335700.00	382700.00	30600.00	32780.00	781780.00	62542.40	15635.60	1563.56	79741.56	93813.60	14196.75	187751.91	594028.09

工资结算汇总表一般按车间、部门分别编制，每月一张。工资结算汇总应根据企业实际情况分栏目设置各项目，其中应付工资、代扣（款项）合计和实发工资为固定项目。

编制职工个人工资表时，应根据考勤表、产量记录、有关部门的扣款通知、职工工资档案卡等按职工分别计算岗位工资、绩效工资、代扣代缴款项等各项目金额，从而确定每位职工的应付工资、代扣款项和实发工资。

职工人数较多的单位，可以依据职工个人工资表按照部门进行工资统计，生成工资结算汇总表。

附表25.3

中国工商银行　　网上银行电子回单

电子回单号码：0713-0418-3081-1309

回单类型	境内汇款		指令序号	03010200007510020043 5498056
付款人	户名	北京市蓝梦电器有限公司	收款人 户名	中国工商银行
	账号	0102000108808103625	账号	0102010000089000089
	银行	中国工商银行林萃路支行	银行	中国工商银行
	地区	北京	地区	北京
币种	人民币		钞汇标志	钞
金额	594028.09		手续费	0.00元
合计	人民币（大写）：伍拾玖万肆仟零贰拾捌元零玖分			
交易时间	2020年12月25日14时57分		时间戳	2020-12-25-14.58.02.121704
附言：				
验证码： Y1LOUxxR265SJ7TI9VMhAFDvLi=				

（中国工商银行 电子回单专用章）

本回单打印次数：　1次　　　　　　打印日期：　2020年12月25日

【业务26】

附表26.1

处罚通告

　　我司生产车间员工李明宇同志因违章作业，造成不良后果。经公司研究决定，给予李明宇同志给予警告处分，并处现金罚款800元。

　　特此通告

北京市蓝梦电器有限公司
2020年12月23日

网上银行电子回单的相关知识可参见附表 3.3 的背面。

业务 25 实习成果

处罚通告正文一般包括以下内容：
① 叙述事实及危害。
② 分析错误原因。
③ 申明处理决定。
④ 提供防范措施。

附表26.2

收　据

年　月　日　　　　　　　　　　　　　　　　字 №　0000624

今收到 _____

交　来 _____

人民币(大写) _____ ¥ _____

收款单位
公　章
第三联　记账联

收款人　　　交款人

附表26.3

中国工商银行　现金存款凭条

日期：　年　月　日

存款人	全称													
	账号					款项来源								
	开户行					交款人								
金额（大写）						金额（小写）			亿 千 百 十 万 千 百 十 元 角 分					

票面	张数	十万千百十元	票面	张数	千百十元角分	备注：
壹佰元			伍角			
伍拾元			贰角			
贰拾元			壹角			
拾元			伍分			
伍元			贰分			
贰元			壹分			
壹元			其他			

第二联　客户核对联

复写收据的相关知识可参见附表 7.2 的背面。

业务 26 实习成果

现金存款凭条是企业将现金存入银行账户的书面证明。

填写时，要写清楚收款人的全称、账号及开户行。同时，还要注明款项的来源。在现金张数一栏，要将现金按不同券别的张（枚）数、金额填写清楚，与总金额核对一致。

银行工作人员核实并收取现金后，在凭证上盖章并退还给缴款人。

【业务27】

附表27.1

开具发票通知单

2020 年 12 月 28 日

发票抬头	北京市华辰商贸有限公司	
税号	911100196421635275	
经营地址	北京市华辰西大街2号	
财务联系电话	010-62122575	
开户银行	中国工商银行北京市华辰支行	
开户账号	0102001032004192203	
开票内容	落地风扇	
金额	大写 壹佰零肆万元整	￥1040000.00（不含税）
发票种类	□普通票	☑专用票
发票张数	1	经办人 袁飞 12.28

财务主管审批：王友林　　　　主管领导审批：祝庆宇　李宗生

注：开具专用发票，必须提供对方全部纳税各案信息；开具普通发票，必须提供对方税号。

附表27.2

销售发货单

2020 年 12 月 28 日　　　　运输方式：自提

购买方：北京市华辰商贸有限公司　　　　编号：F203

产品名称	计量单位	数量	单价	金额	备注
落地风扇	台	2000	520.00	1040000.00	不含税
合　　计				1040000.00	

第三联　记账联

仓库主管：陈达　　仓库保管员：周红　　会计：　　　　经手人：袁飞

开具发票通知单的相关知识可参见附表 9.1 的背面。

销售发货单的相关知识可参见附表 9.6 的背面。

附表27.3

产品出库单

2020 年 12 月 28 日　　　　　　　　　　　第 C03 号

名称	编号	单位	数量	单价	金额 百 十 万 千 百 十 元 角 分	用途或原因
落地风扇	K12#	台	2000			销售出库
合　计						

仓库主管：陈达　　会计：　　检验员：王峰　　仓库保管员：周红　　经手人：袁飞

第三联　记账联

附表27.4

1100209130　　　　　**北京增值税专用发票**　　No 00011923　　1100209130

此联不作报销，抵税凭证使用　　　　　　　00011923

开票日期：　　年　月　日

购买方	名　　称：						
	纳税人识别号：			密码区	+1/2-6/1-3<<0<9-*04+3*628-1		
	地址、电话：				0-*71/39--01>2>12/5/6-21*21		
	开户行及账号：				+3*4+8+5-2+<31*/52//5<3-*0		
					02/13>452*68+3**1*><25-09/1		

货物或应税劳务、服务名称	规格型号	单位	数量	单价	金额	税率	税　额
合计							
价税合计（大写）						（小写）	

销售方	名　　称：			备 注			
	纳税人识别号：						
	地址、电话：						
	开户行及账号：						

收款人：　　　　复核：　　　　开票人：　　　　销售方：（章）

第一联：记账联　销售方记账凭证

产品出库单的相关知识可参见附表 9.7 的背面。

增值税专用发票的相关知识及填写方法可参见附表 2.2、附表 2.3 和附表 9.5 的背面。

业务 27 实习成果

附录　业务单据及指导

【业务28】

　附表28.1

支出报销单

申请部门：财务部　　　　2020年12月29日　　　　附单据　2　张

经手人	万敏		电话		员工号	
报销性质	现金（　） 银行转账（✓）		支出性质	☑日常管理 ☑生产 ☑研发 ☑市场推广		
领款方式	现金（　）　工资卡（　）		卡号			
结算方式	网上纳税申报			转账付讫		
供应商全称	北京市创新示范区税务局		供应商开户银行及账号			
款项用途	缴纳12月社会保险费和个人所得税					
报销金额	（大写）叁拾壹万壹仟贰佰柒拾叁元壹角伍分			（小写）￥311273.15		

批准人：李宗生　　审核人：陈月红　　稽核人：王友林　　出纳：万敏　　经手人：万敏12.29

　附表28.2

中华人民共和国

税收电子缴款书

登记注册类型：有限责任公司　　填发日期：2020年12月29日　　税务机关：国家税务总局北京市税务局

纳税人识别号	91110041026282336		纳税人名称	北京市天润工贸有限公司	
地址	北京市创新示范区林萃路12号（自主申报）				
税　种	品名名称	课税数量	计税金额或销售收入	税率或单位税额	税款所属时间	已缴或扣除额	实缴税额

税　种	品名名称	课税数量	计税金额或销售收入	税率或单位税额	税款所属时间	已缴或扣除额	实缴税额
社会保险费（个人）					2020-12-01至2020-12-31	0.00	79741.56
社会保险费（单位）					2020-12-01至2020-12-31	0.00	217334.84
个人所得税					2020-12-01至2020-12-31	0.00	14196.75
金额合计	（大写）叁拾壹万壹仟贰佰柒拾叁元壹角伍分						311273.15
税务机关电子业务专用章（盖章）	代征单位（盖章）		填票人 网上申报		备注		

妥善保管

支出报销单的相关知识可参见附表 2.1 的背面。

税收电子缴款书的相关知识可参见附表 12.2 的背面。

附表28.3

支出报销单

申请部门：财务部　　　　　　2020 年 12 月 29 日　　　　　附单据 2 张

经手人	万敏		电话		员工号	
报销性质	现金（　）	银行转账（✓）	支出性质	☑日常管理 ☑生产 ☑研发 ☑市场推广		
领款方式	现金（　）	工资卡（　）	卡号	转账付讫		
结算方式	网上缴费					
供应商全称	北京市住房公积金管理中心		供应商开户银行及账号			
款项用途	缴存12月住房公积金					
报销金额	（大写）壹拾捌万柒仟陆佰贰拾柒元贰角整			（小写）￥187627.20		

批准人：李宗生　　审核人：陈月红　　稽核人：王友林　　出纳：万敏　　经手人：万敏12.29

附表28.4

北京市住房公积金单位网上缴存电子回单
（住房公积金）
2020年12月29日

No：I0010202012291511015

单位名称	北京市蓝梦电器有限公司			
单位代码	110227085310		汇缴年月	202012
项目	金额		封存减少	
	新开户	启封		
人数	0	0	0	
金额	0	0		
项目	本月汇缴	个人补缴	合计	
人数	96	0		
金额	187627.20	0	187627.20	
缴存金额合计（大写）壹拾捌万柒仟陆佰贰拾柒元贰角整				

（北京市住房公积金管理中心 电子回单专用章）

支出报销单的相关知识可参见附表 2.1 的背面。

单位财务人员通过网上服务大厅,将住房公积金汇缴到职工个人专户后,由住房公积金管理中心审核开具缴存证明。

业务 28 实习成果

【业务29】

附表29.1

财产清查报告表

2020 年 12 月 31 日　　　　　　　　　　　　　　　　　　　　　　第 012 号

编号	财产名称及规格	单位	单价	数量 账存	数量 实存	盘盈 数量	盘盈 金额	盘亏 数量	盘亏 金额	原因
C02	漆包铜线	千克	25.12	17228	17128			100	2512.00	仓库保管员监管不力，被人偷盗所致。
				17228	17128			100	2512.00	

财务：陈月红　　　审批：李京生　　　主管：王友林　　　仓库保管员：周红　　　制单：王峰

附表29.2

材料盘亏（盈）处理通知

经审查，确认100千克漆包铜线属于周红监管不力，被人偷盗所致。经研究，决定如下：仓库保管员周红承担80%责任，其余做营业外支出处理。

总经理：李京生　　　部门负责人：陈达
2020年12月31日　　　2020年12月31日

财务主管：王友林　　　会计：陈月红
2020年12月31日　　　2020年12月31日

财产清查报告表是记录企业各种资产盘点情况的表格。盘点是指定期或不定期地对财产物资的实有数进行清查、清点的作业。企业通过对实际数量与保管账上的记录数量相核对,以便准确地掌握库存数量。

发生非正常损失的购进货物的进项税额不得从销项税额中抵扣,已抵扣进项税额的,应将该项购进货物的进项税额从当期发生的进项税额中扣减。

业务 29 实习成果

【业务30】

附表30.1

发料凭证汇总表

年　月　日　　　　　　　　　　　　　　　　　附单据　张

部门	材料名称	领用数量（千克）	实际单价	实际成本总额
生产车间	冷板钢材			
	漆包铜线			
	小计			
合计				

审核：　　　　　　　　　　　　　　　　　　制表：

附表30.2

共耗材料费用分配表

材料名称：冷板钢材　　　　　　年　月　日

产品名称	单位	投产量	单位产品材料消耗定额	材料定额耗用量	分配率	应分配材料实际成本
台式风扇	台		0.8			
落地风扇	台		1.2			
合计						

审核：　　　　　　　　　　　　　　　　　　制表：

根据本月领料单的统计结果编制发料凭证汇总表。

不同产品共同耗用同一种材料，采用定额耗用量比例分配。按产品的材料定额耗用量比例分配共耗材料费用时，应根据材料消耗定额表、产量记录表和发料凭证汇总表编制共耗材料费用分配表。

$$\text{某种产品材料定额耗用量} = \text{该种产品材料单位消耗定额} \times \text{该产品的实际产量}$$

$$\text{共耗材料费用分配率} = \text{应分配的共耗材料费用分配额} \div \text{有关各种产品材料定额耗用量之和}$$

$$\text{某种产品应分配的共耗材料费用} = \text{该种产品材料定额耗用量} \times \text{共耗材料费用分配率}$$

附表30.3

共耗材料费用分配表

材料名称：漆包铜线　　　　　　　年　　月　　日

产品名称	单位	投产量	单位产品材料消耗定额	材料定额耗用量	分配率	应分配材料实际成本
台式风扇	台		1.1			
落地风扇	台		1			
合计						

审核：　　　　　　　　　　　　　　　　　制表：

附表30.4

材料费用分配汇总表

年　　月　　日

应借科目	投产量	耗用材料		合计
		冷板钢材	漆包铜线	
合计				

审核：　　　　　　　　　　　　　　　　　制表：

共耗材料费用分配表的相关知识可参见附表 30.2 的背面。

根据发料凭证汇总表和共耗材料费用分配表的计算结果编制材料费用分配汇总表。

业务 30 实习成果

【业务31】

附表31

水费分配表

年　　月　　日

应借科目	用水量（立方米）	单价	金额
合计			

审核：　　　　　　　　　　　　　　　　　　　　　　　　　　制表：

【业务32】

附表32.1

电费分配表

年　　月　　日

使用部门	用电量（千瓦时）	单价	金额
生产车间（产品用）			
生产车间（管理用）			
管理部门			
销售部门			

审核：　　　　　　　　　　　　　　　　　　　　　　　　　　制表：

各部门用水量记录见表 2.14。

某部门应负担的水费 = 该部门用水量 × 自来水单价

业务 31 实习成果

企业按受益部门分配外购电费时，应依据各部门用电量记录（见表 2.15）编制电费分配表。

附表32.2

共耗电费分配表

年 月 日

应借科目	产品名称	生产工时	分配率	分配金额
合计				

审核：　　　　　　　　　　　　　　　　　　　　　制表：

【业务33】

附表33

工资费用分配表

年 月 日

人员类别	部门	应借科目	生产工人工资的分配			直接计入金额	合计
			生产工时	分配率	分配金额		
生产工人	生产车间	生产成本 台式风扇					
		落地风扇					
		小计					
车间管理人员		制造费用					
行政管理人员	办公室	管理费用					
	财务部						
	采购部						
	后勤保障部						
	产品研发部						
	小计						
销售人员	市场部	销售费用					
合计							

审核：　　　　　　　　　　　　　　　　　　　　　制表：

采用实际生产工时（见表 2.11）比例分配法，按受益产品分配共同耗用电费时，应编制共耗电费分配表。

业务 32 实习成果

作为一种费用，应付给职工的工资应按照其用途分配计入各种产品成本及有关费用科目中，因此，工资结算汇总表所列各车间、部门各种用途的应付工资额就是分配工资费用的依据。在实际工作中，工资费用的分配是通过编制工资费用分配表进行的。

采用计时工资形式支付的工资，如果生产车间（班组）或工人只生产一种产品，可将工资费用直接计入该种产品的生产成本；如果生产多种产品，则需要选用适当的分配方法，在各成本核算对象之间进行分配。

业务 33 实习成果

[业务34]

附表34.1

由单位负担缴存的职工社会保险费及住房公积金计算表

2020年12月31日

单位：元

部门及姓名	缴费基数	基本养老保险	基本医疗保险	失业保险	工伤保险	生育保险	小计	住房公积金	合计
1办公室（4人）：									
101 李京生	8800.00	1408.00	880.00	70.40	17.60	70.40	2446.40	1056.00	3502.40
...									
小计	32200.00	5152.00	3220.00	257.60	64.40	257.60	8951.60	3864.00	12815.60
2财务部（3人）									
201 王友林	8000.00	1280.00	800.00	64.00	16.00	64.00	2224.00	960.00	3184.00
...									
小计	21980.00	3516.80	2198.00	175.84	43.96	175.84	6110.44	2637.60	8748.04
3市场部（3人）									
301 祝庆宇	8000.00	1280.00	800.00	64.00	16.00	64.00	2224.00	960.00	3184.00
...									
小计	21980.00	3516.80	2198.00	175.84	43.96	175.84	6110.44	2637.60	8748.04
4采购部（3人）									
401 齐进	8000.00	1280.00	800.00	64.00	16.00	64.00	2224.00	960.00	3184.00
...									
小计	21680.00	3468.80	2168.00	173.44	43.36	173.44	6027.04	2601.60	8628.64
5后勤保障部（3人）									
501 陈达	7700.00	1232.00	770.00	61.60	15.40	61.60	2140.60	924.00	3064.60
...									
小计	21380.00	3420.80	2138.00	171.04	42.76	171.04	5943.64	2565.60	8509.24
6生产车间工人（70人）									
601 曹春山	10000.00	1600.00	1000.00	80.00	20.00	80.00	2780.00	1200.00	3980.00
...									
小计	572900.00	91664.00	57290.00	4583.20	1145.80	4583.20	159266.20	68748.00	228014.20
7生产车间管理人员（2人）									
701 李政	7700.00	1232.00	770.00	61.60	15.40	61.60	2140.60	924.00	3064.60
...									
小计	14300.00	2288.00	1430.00	114.40	28.60	114.40	3975.40	1716.00	5691.40
8产品研发部（8人）									
801 刘斌	10680.00	1708.80	1068.00	85.44	21.36	85.44	2969.04	1281.60	4250.64
...									
小计	75360.00	12057.60	7536.00	602.88	150.72	602.88	20950.08	9043.20	29993.28
合计（96人）	781780.00	125084.80	78178.00	6254.24	1563.56	6254.24	217334.84	93813.60	311148.44

复核：梁天一　　　　制单：王徽

单位负担的社会保险费和住房公积金按上一年度职工个人月平均工资作为缴费基数比例计算，具体算法是：基本养老金16%、基本医疗保险10%、失业保险0.8%、工伤保险0.5%～2%、生育保险0.8%、住房公积金5%～12%。

附表34.2

单位负担的社会保险费和住房公积金分配表

年　月　日

人员类别	部门	应借科目		生产工人分配计入						直接计入	合计
				社会保险费	住房公积金	小计	生产工时	分配率	分配金额		
生产工人	生产车间	生产成本	台式风扇								
			落地风扇								
			小计								
车间管理人员		制造费用									
行政管理人员	办公室	管理费用									
	财务部										
	采购部										
	后勤保障部										
	产品研发部										
		小计									
销售人员	市场部	销售费用									
合计											

【业务35】

附表35

工资附加费计提表

年　月　日

人员类别	部门	应借科目		计提基数	职工福利费		工会经费		职工教育经费		合计
					计提比例	计提金额	计提比例	计提金额	计提比例	计提金额	
生产工人	生产车间	生产成本	台式风扇								
			落地风扇								
			小计								
车间管理人员		制造费用									
行政管理人员	办公室	管理费用									
	财务部										
	采购部										
	后勤保障部										
	产品研发部										
		小计									
销售人员	市场部	销售费用									
合计											

社会保险费和住房公积金金额见附表 34.1；生产工时见表 2.11。

业务 34 实习成果

计提基数见附表 25.2 的"应付工资"；职工福利费、工会经费和职工教育经费按工资总额的 14%、2% 和 8% 进行比例计算。

业务 35 实习成果

【业务36】

附表36

固定资产折旧计算表

年　　月　　日

使用单位	固定资产类别	月初固定资产原值	上月增加的固定资产原值	上月减少的固定资产原值	月折旧率	月折旧额
生产车间	房屋及构筑物	5100000.00				
	通用设备	4200000.00				
	电子设备及其他通信设备	25000.00				
	交通运输设备	140000.00				
	小计	9465000.00				
管理部门	房屋及构筑物	2320000.00				
	通用设备					
	电子设备及其他通信设备	690000.00				
	交通运输设备	560000.00				
	小计	3570000.00				
销售部	房屋及构筑物	180000.00				
	通用设备					
	电子设备及其他通信设备	25000.00				
	交通运输设备					
	小计	205000.00				
	合计	13240000.00				

审核：　　　　　　　　　　　　　　　　　　　制表：

【业务37】

附表37

制造费用分配表

年　　月　　日

分配对象（产品）	分配标准（实际工时）	分配率（单位成本）	分配金额
台式风扇			
落地风扇			
合计			

审核：　　　　　　　　　　　　　　　　　　　制表：

业务 36 实习成果

企业计提折旧时，应编制固定资产折旧计算表。
① 核对各部门各类固定资产月初固定资产原值。
② 填列各类固定资产的月折旧率。其中：房屋及构筑物类月折旧率为 0.3%，机器设备类月折旧率为 0.8%。
③ 根据各类固定资产"月折旧率"和各部门各类固定资产的"月初固定资产原值"，计算本月应计提的固定资产折旧额。

业务 37 实习成果

由于生产车间生产台式风扇和落地风扇两种产品，因此需要将车间所发生的制造费用在它们之间按实际生产工时比例分配。

$$\text{制造费用分配率} = \text{应分配的制造费用总额} \div \text{各种产品的生产工时之和}$$

$$\text{某种产品应分配的制造费用} = \text{该种产品生产工时} \times \text{制造费用分配率}$$

【业务38】

附表38.1

完工产品与月末在产品成本分配表

产品：　　　　　　　　　　　年　月　日　　　　　完工数量：
　　　　　　　　　　　　　　　　　　　　　　　　在产品数量：

摘要	成本项目				合计
	直接材料	直接人工	直接动力	制造费用	
月初在产品成本					
本月生产费用					
合计					
完工产品产量					
月末在产品约当产量					
单位成本					
完工产品成本					
月末在产品成本					

审核：　　　　　　　　　　　　　　　　　　　　　　　制表：

附表38.2

完工产品与月末在产品成本分配表

产品：　　　　　　　　　　　年　月　日　　　　　完工数量：
　　　　　　　　　　　　　　　　　　　　　　　　在产品数量：

摘要	成本项目				合计
	直接材料	直接人工	直接动力	制造费用	
月初在产品成本					
本月生产费用					
合计					
完工产品产量					
月末在产品约当产量					
单位成本					
完工产品成本					
月末在产品成本					

审核：　　　　　　　　　　　　　　　　　　　　　　　制表：

附表 38.1 的编制方法如下。
① "完工数量"和"在产品数量":见表 2.10。
② "月初在产品成本":见表 2.5。
③ "本月生产费用":取自生产成本明细账登记结果。
④ "合计":月初在产品成本 + 本月生产费用。
⑤ "完工产品产量":见表 2.10。
⑥ "月末在产品约当产量":折合原则是原材料在开始时一次投入,完工程度均为 50%。
⑦ "单位成本":合计 ÷(完工产品产量 + 月末在产品约当产量)。
⑧ "完工产品成本":完工数量 × 单位成本。
⑨ "月末在产品成本":合计 − 完工产品成本。

完工产品与月末在产品成本分配表的编制方法可参见附表 38.1 的背面。

附表38.3

完工产品成本汇总表

年　月　日　　　　　　　　　附单据　张

产品名称	计量单位	产量	成本项目				总成本	单位成本
			直接材料	直接人工	直接动力	制造费用		
台式风扇								
落地风扇								
合计								

审核：　　　　　　　　　　　　　　　　　　　　　　　　制表：

【业务39】

附表39

已销产品生产成本计算表

年　月　日　　　　　　　　　附单据　张

产品名称	期初结存			本月完工入库			本月销售		
	数量	单位成本	总成本	数量	单位成本	总成本	数量	单位成本	总成本
台式风扇									
落地风扇									
合计									

审核：　　　　　　　　　　　　　　　　　　　　　　　　制表：

附表 38.3 的编制方法如下：

① "产量"：见本月产品入库单，并与表 2.10 核对相符。

② "成本项目"：见附表 38.1 和附表 38.2 中"完工产品成本"栏的各项数据。

③ "总成本"：见附表 38.1 和附表 38.2 中"完工产品成本"栏的合计数据。

④ "单位成本"：见附表 38.1 和附表 38.2 中"单位成本"栏的各项数据。

业务 38 实习成果

在库存商品明细账中计算确定发出产成品的加权平均单价。根据计算结果分别填列已销产品生产成本计算表中的期初结存、本期完工入库、本期销售的数量、单位成本及总成本。

业务 39 实习成果

【业务40】

附表40

应交增值税计算表

年 月 日至 月 日

	项目		销售额	税额	备注
销项	应税货物	货物名称	适用税率（%）			
		小计				
	应税劳务、服务					
	1.					
	2.					
进项	本期进项税额发生额				
	进项税额转出				
	1.				
	2.				
	应纳税额				

审核： 制表：

附表 40 的编制方法如下。

① 在销项项目中：

- 确定应税货物名称：台式风扇和落地风扇；适用税率：13%。本案例未发生应税劳务。
- 根据"主营业务收入明细账"填列台式风扇和落地风扇的销售额，以及应税货物销售额小计。
- 计算销项税额：销项税额 = 销售额 × 适用税率

② 在进项项目中：

- 根据"应交税费——应交增值税明细账"中本月进项税额合计在"税额"栏填列"本期进项税额发生额"。
- 根据"应交税费——应交增值税明细账"中本月进项税额转出合计在"税额"栏填列"进项税额转出"。

③ 计算应纳增值税额：

应纳增值税额 = 当期销项税额 −（当期进项税额 − 进项税额转出）

当期销项税额小于当期进项税额不足抵扣时，其不足部分可以结转下期继续抵扣。

④ 确定未交增值税额。

业务 40 实习成果

【业务41】

附表41

应交城市维护建设税与教育费附加计算表

年　月　日至　月　日

税（费）种名称	计税（费）基数			税率（征收率）	应交金额
	增值税	消费税	小计		
城市维护建设税					
教育费附加					
合计					

审核：　　　　　　　　　　　　　　　　　　　　　　　　制表：

【业务42】

附表42

坏账准备计提表

年　月　日

应收款项	应收款项年末借方余额	计提比例	按应收款项计算应提坏账准备金额	调整前"坏账准备"账户期末借方（-）或贷方（+）余额	应提取的坏账准备金额
	1	2	3=1×2	4	5=3-4
合计					

审核：　　　　　　　　　　　　　　　　　　　　　　　　制表：

附表41的编制方法如下：

① 不同企业可以根据自己企业的特点和经营范围确定主营业务的类型。例如，本企业主营业务为"销售产品"。

② 根据应交增值税计算表的有关数据，分析填列本月城市维护建设税和教育费附加的计税基数。

③ 分别按业务种类，根据计税基数和税率（或征收率）计算本月应交城市维护建设税和教育费附加。

$$应交城市维护建设税 = 计税基数 \times 7\%$$
$$应交教育费附加 = 计税基数 \times 3\%$$

业务41实习成果

附表42的编制方法如下：

① 根据应收账款和预收账款明细账借方余额加总确定年末应收款项余额，并按确定的计提比例，按计算公式计算出当期"按应收款项计算应提坏账准备金额"，并分别填列表中"1""2""3"三栏的数字。

② 根据调整前"坏账准备"账户的期末余额（借方余额用负数表示）确定应收款项调整前年末坏账准备实际余额，并填入表中"4"栏。

③ 根据表中"3"和"4"栏当期"按应收款项计算应提取坏账准备金额"和"调整前'坏账准备'账户期末借方（−）或贷方（+）余额"，按计算公式计算当期"应提取的坏账准备金额"，并填入表中"5"栏。

业务42实习成果

【业务43】

附表43

应交房产税、车船税、土地使用税计算表

年　月　日

项目	计税依据	适用税率（额）	本月应纳税额	备注
房产税				原值扣除30%后余额
车船税				每辆年税额400元
土地使用税				按年税额12元/m^2
合计				

审核：　　　　　　　　　　　　　　　　　　　　　　　　　　　制表：

【业务44】

12月31日，结转收入和费用账户余额。

附表 43 的编制方法如下：

① 房产税：按房产原值减去 30% 后的余值作为计税依据，税率为 1.2%。其中房产原值见表 2.9。

② 车船税：本企业微型客车 2 辆，每辆年税额 400 元。

③ 城镇土地使用税：根据实际使用土地的面积，按年税额 12 元/平方米计算。其中土地面积见表 2.1。

业务 43 实习成果

① 结转收入类账户余额，编制如下会计分录：

借：主营业务收入
　　其他业务收入
　　投资收益
　　营业外收入
　贷：本年利润

② 结转费用类账户余额，编制如下会计分录：

借：本年利润
　贷：主营业务成本
　　　其他业务成本
　　　税金及附加
　　　销售费用
　　　管理费用
　　　财务费用
　　　信用减值损失
　　　营业外支出

业务 44 实习成果

【业务45】

附表45

企业所得税计算表

年　月　日至　月　日

项目	行次	本月数
一、营业收入	1	
减：营业成本	2	
税金及附加	3	
销售费用	4	
管理费用	5	
财务费用	6	
信用减值损失	7	
加：投资收益（损失以"-"号填列）	8	
二、营业利润	9	
加：营业外收入	10	
减：营业外支出	11	
三、利润总额（亏损总额以"-"号填列）	12	
加：纳税调整增加额	13	
减：纳税调整减少额	14	
四、应纳税所得额	15	
适用税率	16	
五、应纳所得税额	17	

审核：　　　　　　　　　　　　　　　　　　　　　　　　　制表：

【业务46】

12月3日，结转全年实现的利润。

附表 45 的编制方法如下：
① 第 1 行：为"主营业务收入"和"其他业务收入"账户的发生额合计。
② 第 2 行：为"主营业务成本"和"其他业务成本"账户的发生额合计。
③ 第 3~8 行：为对应账户的发生额。
④ 第 9 行：等于第 1 行减去第 2~7 行，再加上第 8 行。
⑤ 第 10、11 行：为对应账户的发生额。
⑥ 第 12 行：等于第 9 行加上第 10 行，再减去第 11 行。
⑦ 第 13、14 行：为符合企业所得税法规定的调整项目。
⑧ 第 15 行：等于第 12 行加上第 13 行，再减去第 14 行。
⑨ 第 16 行：为企业所得税适用税率，如 25%。
⑩ 第 17 行：等于第 15 行减去第 16 行。

业务 45 实习成果

编制全年实现净利润的会计分录如下：
　　借：本年利润
　　　　贷：利润分配——未分配利润

业务 46 实习成果

【业务47】

附表47

利润分配计算表

年度

分配项目	分配基数	分配比例	分配额
合计			

审核：　　　　　　　　　　　　　制表：

【业务48】

12月31日，将"利润分配"各明细账户余额转入"利润分配——未分配利润"明细账户中。

业务 47 实习成果

附表 47 的编制方法如下：
① 根据本年利润明细账，确定分配基数。
② 根据制度规定及股东大会决议，按比例分配净利润额。分配给股东的股利应在各股东间按投资比例进行分配。

编制结转利润分配的会计分录如下：
借：利润分配——未分配利润
　　贷：利润分配——提取盈余公积
　　　　　　　　——应付股利

业务 48 实习成果

附录　业务单据及指导

T形账

| 1001 库存现金 | 1002 银行存款 | 1015 其他货币资金 |

| 1122 应收账款 | 1123 预付账款 | 1231 其他应收款 |

| 1241 坏账准备 | 1403 原材料 | 1406 库存商品 |

| 1412 周转材料 | 1601 固定资产 | 1602 累计折旧 |

| 1901 待处理财产损溢 | 2202 应付账款 | 2205 预收账款 |

| 2211 应付职工薪酬 | 2221 应交税费 | 2232 应付股利 |

附录　业务单据及指导

| 4001 实收资本 | 4002 资本公积 | 4101 盈余公积 |

| 4103 本年利润 | 4104 利润分配 | 5001 生产成本 |

| 5101 制造费用 | 6001 主营业务收入 | 6301 营业外收入 |

| 6401 主营业务成本 | 6403 税金及附加 | 6602 管理费用 |

| 6601 销售费用 | 6702 信用减值损失 | 6711 营业外支出 |

| 6801 所得税费用 |

借方发生额合计 =

贷方发生额合计 =

T形账实习成果

【业务49】

附表49

科目汇总表

年　月　日至　日　　　　　　　　科汇字　　号

科目名称	借方发生额合计	贷方发生额合计	附件张数
库存现金			
银行存款			
其他货币资金			
应收票据			
应收账款			
预付账款			
应收股利			
其他应收款			
坏账准备			
在途物资			
原材料			
库存商品			
周转材料			
固定资产			
累计折旧			
在建工程			
无形资产			
累计摊销			
待处理财产损溢			
短期借款			
应付票据			
应付账款			
预收账款			
应付职工薪酬			
应交税费			
应付股利			
应付利息			
其他应付款			
长期借款			
实收资本			
资本公积			

（续表）

科目名称	借方发生额合计	贷方发生额合计	附件张数
盈余公积			
本年利润			
利润分配			
生产成本			
制造费用			
主营业务收入			
其他业务收入			
投资收益			
营业外收入			
主营业务成本			
其他业务成本			
税金及附加			
销售费用			
管理费用			
财务费用			
信用减值损失			
营业外支出			
所得税费用			
合计		制表：	

审核：　　　　　　　　　　　　　　制表：

业务49学习成果

【业务50】

附表50

银行存款余额调节表

年　　月　　日

项目	金额	项目	金额
银行存款日记账账面余额		银行对账单余额	
加：银行已收账，企业未收账的款项		加：企业已收账，银行未收账的款项	
1.收款		1.	
2.利息		2.	
减：银行已付账，企业未付账的款项		减：企业已付账，银行未付账的款项	
1.		1.	
2.		2.	
调节后余额		调节后余额	

审核：　　　　　　　　　　　　　　　　　　　　　　　　　　制表：

附表 50 的编制方法如下：

① 调节后的银行存款日记账账面余额 = 银行存款日记账账面余额 − 银行已付而企业未付账项 + 银行已收而企业未收账项

② 调节后的银行对账单余额 = 银行对账单余额 − 企业已付而银行未付账项 + 企业已收而银行未收账项

通过核对调节，银行存款余额调节表上的双方余额相等，一般可以说明双方记账没有差错。调节相等后的银行存款余额就是当日可以动用的银行存款实有数。

附表 50 实习成果

【业务51】

附表51

资产负债表（简表）

会企01表

编制单位： ＿＿＿＿年＿＿＿月＿＿＿日　　　　　　　　　　　　单位：元

资　　产	行次	期末余额	年初余额	负债和所有者权益	行次	期末余额	年初余额
流动资产：				流动负债：			
货币资金	1			短期借款	32		
交易性金融资产	2			交易性金融负债	33		
应收票据	3			应付票据	34		
应收账款	4			应付账款	35		
预付款项	5			预收款项	36		
应收利息	6			应付职工薪酬	37		
应收股利	7			应交税费	38		
其他应收款	8			应付利息	39		
存货	9			应付股利	40		
一年内到期的非流动资产	10			其他应付款	41		
其他流动资产	11			一年内到期的非流动负债	42		
流动资产合计	12			其他流动负债	43		
				流动负债合计	44		
非流动资产：				非流动负债：			
可供出售金融资产	13			长期借款	45		
持有至到期投资	14			应付债券	46		
长期应收款	15			长期应付款	47		
长期股权投资	16			专项应付款	48		
投资性房地产	17			预计负债	49		
固定资产	18			递延收益	50		
在建工程	19			递延所得税负债	51		
工程物资	20			其他非流动负债	52		
固定资产清理	21			非流动负债合计	53		
生产性生物资产	22			负债合计	54		

（续表）

资　　产	行次	期末余额	年初余额	负债和所有者权益	行次	期末余额	年初余额
油气资产	23			所有者权益（或股东权益）：			
无形资产	24			实收资本（或股本）	55		
开发支出	25			资本公积	56		
商誉	26			减：库存股	57		
长期待摊费用	27			其他综合收益	58		
递延所得税资产	28			盈余公积	59		
其他非流动资产	29			未分配利润	60		
非流动资产合计	30			所有者权益（或股东权益）合计	61		
资产总计	31			负债和所有者权益（或股东权益）总计	62		

附表 51 实习成果

【业务52】

附表52

利润表（简表）

编制单位： ＿＿＿年＿＿＿月

会企02表
单位：元

项目	行次	本年累计金额	本月金额
一、营业收入	1		
减：营业成本	2		
税金及附加	3		
销售费用	4		
管理费用	5		
研发费用	6		
财务费用	7		
其中：利息费用	8		
利息收入	9		
加：公允价值变动收益（损失以"-"号填列）	10		
其他收益	11		
投资收益（损失以"-"号填列）	12		
其中：对联合企业和合营企业的投资收益	13		
以摊余成本计量的金融资产终止确认收益（损失以"-"号填列）	14		
净敞口套期收益（损失以"-"号填列）	15		
信用减值损失（损失以"-"号填列）	16		
资产减值损失（损失以"-"号填列）	17		
资产处置收益（损失以"-"号填列）	18		
二、营业利润（亏损以"-"填列）	19		
加：营业外收入	20		
其中：非流动资产处置利得	21		
减：营业外支出	22		
其中：非流动资产处置损失	23		
三、利润总额（亏损总额以"-"号列示）	24		
减：所得税费用	25		
四、净利润（净亏损以"-"列示）	26		
（一）持续经营净利润（净亏损以"-"号填列）	27		
（二）终止经营净利润（净亏损以"-"号填列）	28		
五、其他综合收益的税后净额	29		
（一）不能重分类进损益的其他综合收益	30		
1.重新计量设定受益计划变动额	31		
2.权益法下不能转损益的其他综合收益	32		
（二）将重分类进损益的其他综合收益	33		
1.权益法下可转损益的其他综合收益	34		
2.可供出售金融资产公允价值变动损益	35		
3.持有至到期投资重分类为可供出售金融资产损益	36		

（续表）

项　目	行次	本年累计金额	本月金额
4.现金流套期储备	37		
5.外币财务报表折算差额	38		
6.其他	39		
六、综合收益总额	40		
七、每股收益：	41		
（一）基本每股收益	42		
（二）稀释每股收益	43		

附表 52 实习成果

【业务53】

附表53

增值税纳税申报表
（一般纳税人适用）

根据国家税收法律法规及增值税相关规定制定本表。纳税人不论有无销售额，均应按税务机关核定的纳税期限填写本表，并向当地税务机关申报。

税款所属时间：自 年 月 日 至 年 月 日　　　　填表日期： 年 月 日　　　　金额单位：元至角分

纳税人识别号																所属行业：			
纳税人名称				法定代表人姓名			注册地址				生产经营地址								
开户银行及账号				登记注册类型							电话号码								

	项 目	栏次	一般项目		即征即退项目	
			本月数	本年累计	本月数	本年累计
销售额	（一）按适用税率计税销售额	1				
	其中：应税货物销售额	2				
	应税劳务销售额	3				
	纳税检查调整的销售额	4				
	（二）按简易办法计税销售额	5				
	其中：纳税检查调整的销售额	6				
	（三）免、抵、退办法出口销售额	7			—	—
	（四）免税销售额	8			—	—
	其中：免税货物销售额	9			—	—
	免税劳务销售额	10			—	—
税款计算	销项税额	11				
	进项税额	12				
	上期留抵税额	13				—
	进项税额转出	14				
	免、抵、退应退税额	15			—	—
	按适用税率计算的纳税检查应补缴税额	16			—	—
	应抵扣税额合计	17=12+13-14-15+1		—		—
	实际抵扣税额	18（如17<11，则为17，否则为11）				
	应纳税额	19=11-18				
	期末留抵税额	20=17-18				—
	简易计税办法计算的应纳税额	21				
	按简易计税办法计算的纳税检查应补缴税额	22			—	—
	应纳税额减征额	23				
	应纳税额合计	24=19+21-23				

(续表)

项目		栏次	一般项目		即征即退项目	
			本月数	本年累计	本月数	本年累计
税款缴纳	期初未缴税额（多缴为负数）	25				
	实收出口开具专用缴款书退税额	26			—	—
	本期已缴税额	27=28+29+30+31				
	①分次预缴税额	28		—		
	②出口开具专用缴款书预缴税额	29		—	—	—
	③本期缴纳上期应纳税额	30				
	④本期缴纳欠缴税额	31				
	期末未缴税额（多缴为负数）	32=24+25+26-27				
	其中：欠缴税额（≥0）	33=25+26-27			—	—
	本期应补（退）税额	34=24-28-29				
	即征即退实际退税额	35	—	—		
	期初未缴查补税额	36			—	—
	本期入库查补税额	37			—	—
	期末未缴查补税额	38=16+22+36-37			—	—

授权声明	如果你已委托代理人申报，请填写下列资料： 为代理一切税务事宜，现授权 （地址）　　　　　　　为本纳税人的代理申报人，任何与本申报表有关的往来文件，都可寄予此人。 　　　　　　　　　　　　　　　授权人签字：	申报人声明	本纳税申报表是根据国家税收法律法规及相关规定填报的，我确定它是真实的、可靠的、完整的。 　　　　　　　　　　　　　　　声明人签字：

主管税务机关：　　　　　　　　接收人：　　　　　　　　接收日期：

附表 53 实习成果

【业务54】

附表54

主要财务指标分析表

项目	文字计算公式	计算结果
流动比率	=流动资产÷流动负债	
速动比率	=(流动资产-存货-待摊费用)÷流动负债	
资产负债率	=负债总额÷资产总额	
产权比率	=负债总额÷所有者权益总额	

附表54的编制方法如下：

① 流动比率、速动比率、资产负债率和产权比率：从"资产负债表"中取数。

② 销售利润率：从"利润表"中取数。

附表54 实习成果